RELAÇÕES PÚBLICAS
E SUAS INTERFACES

Dados Internacionais de Catalogação na Publicação (CIP)
(Câmara Brasileira do Livro, SP, Brasil)

Relações públicas e suas interfaces / Cleuza G. Gimenes Cesca (organizadora).
– São Paulo : Summus, 2006.

Vários autores.
Bibliografia.
ISBN 85-323-0278-5

1. Comunicação 2. Relações públicas 3. Tecnologia da informação I. Cesca, Cleuza G. Gimenes.

06-5436   CDD-659.28

Índice para catálogo sistemático:

1. Relações públicas : Comunicação organizacional : Empresas 659.28

Compre em lugar de fotocopiar.
Cada real que você dá por um livro recompensa seus autores
e os convida a produzir mais sobre o tema;
incentiva seus editores a encomendar, traduzir e publicar
outras obras sobre o assunto;
e paga aos livreiros por estocar e levar até você livros
para a sua informação e o seu entretenimento.
Cada real que você dá pela fotocópia não autorizada de um livro
financia um crime
e ajuda a matar a produção intelectual em todo o mundo.

RELAÇÕES PÚBLICAS E SUAS INTERFACES

CLEUZA G. GIMENES CESCA

(organizadora)

summus editorial

RELAÇÕES PÚBLICAS E SUAS INTERFACES
Copyright © 2006 by autores
Direitos desta edição reservados por Summus Editorial

Editora executiva: **Soraia Bini Cury**
Assistente de produção: **Claudia Agnelli**
Tradução do artigo "Os gabinetes de comunicação na era da internet": **Waldemar Kunsch**
Capa: **Nelson Mielnik e Sylvia Mielnik**
Diagramação: **Acqua Estúdio Gráfico**
Fotolitos: **Casa de Tipos**
Impressão: **Sumago Gráfica Editorial Ltda.**

Summus Editorial
Departamento editorial:
Rua Itapicuru, 613 – 7º andar
05006-000 – São Paulo – SP
Fone: (11) 3872-3322
Fax: (11) 3872-7476
http://www.summus.com.br
e-mail: summus@summus.com.br

Atendimento ao consumidor:
Summus Editorial
Fone: (11) 3865-9890

Vendas por atacado:
Fone: (11) 3873-8638
Fax: (11) 3873-7085
e-mail: vendas@summus.com.br

Impresso no Brasil

Ao professor doutor Cândido Teobaldo de Souza Andrade, por sua imensa contribuição para o ensino das relações públicas no Brasil.

SUMÁRIO

Prefácio 9
Pe. Wilson Denadai

Apresentação 13
Cleuza G. Gimenes Cesca

1
Relações públicas: públicos, mercado e nomenclaturas 17
Cleuza G. Gimenes Cesca

2
Relações públicas estratégicas com o público interno 37
Waldyr Gutierrez Fortes

3
A auditoria da comunicação organizacional na perspectiva
das relações públicas 89
Jorge Pedro Sousa

4
A informação em relações públicas 147
Roberto Porto Simões

5
Os gabinetes de comunicação na era da internet 161
Berta García Orosa

6
Perspectivas e contribuições das relações públicas na gestão de marcas corporativas.. 199
Sofia Gaio

PREFÁCIO

Certos termos e expressões, utilizados no dia-a-dia acadêmico, acabam por tornar-se evidentes por força do uso, o que não significa que sejam corretamente entendidos. Quando utilizados em ambientes que exigem uma precisão vocabular, prestam-se a confusões e mal-entendidos. Quando ocorrem no processo de formação profissional, podem acarretar conseqüências danosas a quem pretende entrar no mercado de trabalho. O problema se agrava quando não se trata de simples uso adequado do vocabulário, mas de uma compreensão mais abrangente do processo sócio-histórico que contextualiza termos e afirmações, possibilitando não só a linguagem precisa, mas também uma visão crítica do processo no interior do qual se exerce determinada profissão. Isso significa, em termos mais simples, afirmar que as profissões não são meramente técnicas, mas se inserem num processo que mostra suas limitações quando se trata de lidar com pessoas.

Esta coletânea, organizada pela professora Cleuza G. Gimenes Cesca, deixa evidente que a precisão terminológica, necessária, nem sempre está presente nas organizações que lidam com o público. Ela se propõe sanar essa dificuldade e, ao mesmo tempo, mostrar que essa atividade, estreitamente ligada ao desenvolvimento empresarial, está sujeita a revezes e transformações que modificam não só o seu vocabulário, mas a própria compreensão deste.

Aqui se pode afirmar o mesmo que os adeptos do positivismo lógico diziam: o significado está no uso. Ao mesmo tempo, as estrelinhas desse universo multifacetado da comunicação mostram possibilidades críticas que nunca podem ser deixadas de lado quando se trata de formar profissionais de nível superior.

Nos anos 1960 e 1970, a bibliografia especializada, sobretudo na área de ciências humanas, era pouco acessível. Para suprir essa necessidade, mantendo o nível universitário, isto é, sem cair no "manualismo", organizavam-se antologias críticas. Além de dar conta das noções básicas, indispensáveis ao manejo de um *savoir-faire* acadêmico, eram apresentadas na diversidade de suas interpretações, ligadas às várias escolas. Exemplo disso eram as antologias publicadas pela Editora Nacional. A diversidade de autores e as posturas teóricas adotadas possibilitavam um processo reflexivo no interior do qual se aprendia a "trabalhar" os conceitos fundamentais.

Agora o tempo é outro. E a comunicação, estreitamente ligada à tecnologia, não transmite conteúdos. Repetindo o teórico canadense McLuhan, pode-se dizer que o meio é a mensagem. Dizia isso antes do advento da internet. Esta não é um novo instrumento, mas, pode-se dizer, uma nova "cultura" que obriga a modificar a atuação e os objetivos. Mais que isso, modifica rapidamente as relações de trabalho, cada vez mais precárias, levando indivíduos e grupos ao desenraizamento. Como interface desse processo, a reação apaixonada a tudo que ele representa.

As repercussões na formação do profissional são inevitáveis. Elas atuam diretamente sobre a compreensão do que seja essa expressão "relações públicas". É significativo o fato de uma empresa nunca anunciar que precisa de relações públicas, fato que a obrigaria a pagar um salário condizente com a situação de profissional universitário. Uma amostra exemplar do que vem sendo dito: a comunicação empresarial esconde. Na "sociedade em rede" – expressão de Manuel Castells – a comunicação é um jogo que supõe ocultamentos e distorções.

Será esse processo inevitável? Postura ética que a universidade deve ter como ponto de honra? E o espírito crítico como sua marca registrada? Embora não seja essa a preocupação desta coletânea, substancialmente ética, o problema aparece nas entrelinhas. E o profissional e responsável deve estar atento a elas. E, mais que ninguém, aquele que forma os profissionais: o professor universitário.

Como autor deste prefácio, permito-me assumir as posturas do polêmico Oliviero Toscani. Bastante incompreendido por suas peças publicitárias, que não queriam vender pulôveres, mas levar as pessoas a discutir problemas que diziam respeito a uma sociedade que não empurrasse para baixo do tapete suas mazelas, mas as discutisse, a seu modo mostrava um caminho para o futuro da ciência "relações públicas". Reportando-se a Pasolini, falava da possibilidade imprevista de dar um sentido ideológico, de tornar, portanto, expressiva a linguagem do mundo industrial. O mesmo Toscani apostava na sobrevivência daquelas empresas que associassem seu nome a causas humanitárias, como a preservação do meio ambiente, a luta contra a fome, o analfabetismo, as doenças.

A título de contribuição para esta coletânea, que enriquece a produção de nossa Universidade, estou convencido de que a melhor "técnica" de relações públicas é interna. A imagem que uma empresa passa à sociedade depende das relações que cria em seu interior.

Pe. Wilson Denadai

Reitor da Pontifícia Universidade Católica de Campinas – SP – Brasil

APRESENTAÇÃO

Esta obra enfoca alguns aspectos estratégicos das relações públicas, tendo-se buscado para sua concretização o concurso de autores nacionais e de outros países do mundo lusófono, com o objetivo de propiciar ao leitor a oportunidade de conhecer sua posição acerca dos tópicos escolhidos.

Abre a série de seis capítulos o texto "Relações públicas: públicos, mercado e nomenclaturas", de nossa autoria. Nele, abordamos o conceito e as funções da atividade, além de comentarmos as diferentes nomenclaturas que ela tem no mercado. O artigo explica como as transformações organizacionais influenciaram as categorizações tradicionais de públicos, propondo uma classificação baseada no vínculo físico-jurídico que os públicos mantêm com uma organização.

Um desses públicos é objeto do capítulo seguinte, "Relações públicas: estratégias com o público interno", em que Waldyr Gutierrez Fortes, da Universidade Estadual de Londrina (PR – Brasil), expõe como a aplicação da pesquisa institucional enseja a viabilização efetiva das atividades, programações e ações de relações públicas previstas pelas organizações. A pesquisa institucional oferece os dados para as funções de assessoramento e de coordenação, desenvolvidas na quarta fase do processo de relações públicas – revisão e ajustamento da política administrativa –, proporcionando o apoio decisivo para que as organizações encarem os desafios que se colocam diante delas.

Nesse contexto entra de forma muito pertinente o capítulo 3, "A auditoria da comunicação organizacional na perspectiva das relações públicas", de Jorge Pedro Sousa, da Universidade do Porto (Portugal). O autor mostra como a falta de qualidade na comunicação pode criar problemas para uma organização. Documentos longos e incompreensíveis, regulamentos que bloqueiam a ação, reuniões freqüentes e aborrecedoras, proliferação de comissões improdutivas são apenas alguns exemplos de más práticas comunicacionais. Por outro lado, uma política estimulante de recursos humanos, a acessibilidade dos gestores de topo, a disponibilidade para atender a entidades externas, o *feedback* e a receptividade às solicitações dos públicos rendem dividendos para uma organização, contribuindo para o seu sucesso. Assim, auditar a forma como as organizações se comunicam gera informação que pode ser usada para uma maior qualidade do processo comunicacional.

A informação é exatamente o conteúdo do capítulo 4, em que Roberto Porto Simões, da Pontifícia Universidade Católica do Rio Grande do Sul (Porto Alegre – Brasil), procura, a partir de citações escolhidas aleatoriamente de obras sobre relações públicas, identificar proposições testemunhais, explícitas ou implícitas, deste conceito, da sua natureza e da sua utilização em relações públicas, seja na teoria seja na prática, comprovando que muitos autores já falavam em informação, porém sem defini-la e colocá-la em uma rede teórica integradora.

O capítulo 5, "Os gabinetes de comunicação na era da internet", de Berta García Orosa, da Universidade de Santiago de Compostela (Espanha), dá continuidade, de alguma forma, à temática abordada no capítulo anterior. Para a autora, a chegada das novas tecnologias aos departamentos de comunicação modificou sua maneira de trabalhar. Da máquina de escrever ao computador, do correio comum ao fax e ao correio eletrônico, do *vis-à-vis* à comunicação massiva, mudaram as formas de relacionamento das organizações com seus públicos. À medida que isso foi acontecendo, a comunicação também foi se profissionalizando, com o surgimento de gabinetes de comunicação encarregados de criar ou consolidar uma imagem positiva delas na denominada opinião pública.

Uma aplicação disso tudo pode ser vista no capítulo 6, "Perspectivas e contribuições das relações públicas na gestão de marcas corporativas", de Sofia Gaio, da Universidade do Porto (Portugal). A autora discorre sobre como a coerência, a consistência e a própria viabilidade de uma marca corporativa estão diretamente dependentes da capacidade da organização e, particularmente, do profissional de relações públicas de integrar e materializar no desenvolvimento e na implementação da sua política de comunicação um conjunto de princípios que podem apoiar positivamente a eficácia e o sucesso da marca.

Esta obra, além de mostrar alguns aspectos estratégicos, dentro da grande amplitude de temas abrangidos pelas relações públicas, certamente contribuirá não só para enriquecer ainda mais a área, em benefício da academia e do mercado de trabalho, como também para incrementar um intercâmbio frutuoso entre importantes universidades da comunidade lusófona, aqui representada concretamente pelo Brasil, por Portugal e pela Espanha.

A organizadora

1

RELAÇÕES PÚBLICAS:
PÚBLICOS, MERCADO E NOMENCLATURAS

CLEUZA G. GIMENES CESCA

Os pesquisadores são unânimes em salientar que o objetivo principal da atividade de relações públicas é manter a compreensão mútua entre as organizações e seus públicos. O conceito da profissão, os públicos com que ela lida e a questão das nomenclaturas usadas no mercado para as funções e as atividades que ela exerce são objeto deste artigo.

Relações Públicas

Existem inúmeras definições de relações públicas, embora o que as faça diferentes seja apenas a colocação de palavras, que seguem a preferência de seus autores, como se pode observar nas que selecionamos na seqüência.

Já em 1952, apenas nos Estados Unidos, as definições de relações públicas eram 987, conforme revelou uma pesquisa citada por Andrade (2003, p. 29).

Para Silva (apud Andrade, 1996, p. 104),

> relações públicas, como função administrativa, é o procedimento mediante o qual determinada empresa procura deliberadamente

criar em seu favor um crédito de confiança e de estima na respectiva clientela, contra a qual pode sacar em proveito, tanto de seu programa como de seus interesses institucionais.

A Confederação Interamericana de Relações Públicas (Confiarp) define as relações públicas como

> uma atividade sociotécnico-administrativa, mediante a qual se pesquisa e avalia a opinião e a atitude do público e se empreende um programa de ação planificado, contínuo e de comunicação recíproca, baseado no interesse da comunidade e na compreensão da mesma para com entidades de qualquer natureza. (Andrade, 1996, p. 105)

A International Public Relations Association (Ipra) entende que

> relações públicas constituem uma função de direção, de caráter permanente e organizado, mediante a qual uma empresa pública ou privada procura obter e conservar a compreensão, a simpatia e o concurso de todas as pessoas a que se aplica. Com esse propósito, a empresa deverá fazer uma pesquisa na área de opinião que lhe convém adaptando-se, tanto quanto possível, à sua linha de conduta e seu comportamento, e, pela prática sistemática de uma ampla política de informação, obter uma eficaz cooperação em vista da maior satisfação possível dos interesses comuns.

Segundo Edward Bernays (apud Andrade, 1996, p. 34), "as relações públicas objetivam, por meio da informação, da persuasão e do ajustamento, edificar o apoio público para uma atividade, causa, movimento ou instituição".

Para a Associação Brasileira de Relações Públicas (ABRP) (apud Andrade, 1996, p. 105) as relações públicas são

> o esforço deliberado, planificado e contínuo da alta administração, para estabelecer e manter uma compreensão mútua entre uma organização, pública ou privada, e seu pessoal, assim como entre a organização e todos os grupos aos quais está ligada, direta ou indiretamente.

A lei federal que regulamenta a profissão diz que

> a atividade e o esforço deliberado, planificado e contínuo para estabelecer e manter a compreensão mútua, entre uma instituição pública ou privada e os grupos e pessoas a que esteja direta ou indiretamente ligada, constituem o objeto geral da profissão liberal ou assalariada de relações públicas.[1]

Uma definição para leigos é apresentada por Cleuza Cesca (2000, p. 22): "Relações públicas é uma profissão que trabalha com comunicação, utilizando todos os seus instrumentos para administrar a relação empresa–públicos, visando ao bom relacionamento entre as partes".

Segundo Roberto Porto Simões (1995, p. 82), por não se enquadrarem ao princípio essencialista, explica-se por que as definições da atividade de relações públicas, enunciadas sobre base conceitual, são tantas, tão variadas, tão ineficazes e não aceitas universalmente. O autor propõe a seguinte definição:

> A atividade de relações públicas é a gestão da função política da organização. Donde relações públicas (*definiens*) é igual a gestão da função política da organização (*definiendum*) e esta gestão é somente a atividade de relações públicas e nenhuma outra mais.

O QUE O MERCADO DIZ SOBRE RELAÇÕES PÚBLICAS

Uma pesquisa realizada na cidade de Campinas[2] com duas empresas de grande porte e uma agenciadora de empregos trouxe os dados reproduzidos a seguir.

---

1. Artigo 1º do Regulamento da Lei nº 5.377, de 11 de dezembro de 1967, publicado em 27 de setembro de 1968, no *Diário Oficial da União*.
2. Campinas é uma cidade brasileira localizada no Estado de São Paulo. Tem cerca de um milhão de habitantes. A pesquisa foi aplicada em empresas que possuem setor de comunicação/relações públicas com profissionais formados em relações públicas.

Empresa 1

Multinacional, há 41 anos no Brasil, tem um setor de comunicação com as seguintes áreas: comunicação interna, relações com a comunidade, eventos, marketing e propaganda. Os cargos sempre são ocupados por pessoas com formação em relações públicas e propaganda. A alocação dessas áreas no organograma da empresa tem sofrido alterações. Comunicação Interna, por exemplo, passou por várias diretorias: já foi ligada ao gerente administrativo de recursos humanos, depois se reportou diretamente à diretoria de marketing, propaganda e relações públicas e, por fim, voltou a se reportar ao gerente administrativo. A área de relações com a comunidade estava subordinada ao presidente da empresa e as áreas de eventos, marketing e propaganda, à diretoria de marketing e planejamento.

Dentro da área de comunicação, a função de analista de comunicação é assumida por alguém com formação em relações públicas, considerando a empresa que esse profissional é o que tem maior abrangência dentre as habilitações da comunicação social. A pessoa que ocupa essa função, por nós entrevistada, acredita que ela poderia ser chamada de relações públicas, mas acha também que a terminologia "analista de comunicação" é mais clara que "relações públicas" para o entendimento das diversas áreas da empresa. A empresa busca profissionais que sejam pessoas dinâmicas e capazes, que saibam se comunicar e se relacionar com o grupo.

Empresa 2

Multinacional, há 55 anos no Brasil. Seu setor de comunicação foi criado em 1968, em conjunto com o departamento de propaganda e o *staff* de marketing. Na época, eram três departamentos: relações públicas, propaganda e *staff* de marketing, sob uma mesma diretoria denominada marketing corporativo.

Em 1991, o departamento de propaganda teve seus trabalhos terceirizados, o *staff* de marketing mudou para marketing corporativo e o departamento de relações públicas permaneceu como área separada de marketing. Em 1995, o departamento de relações públicas ganhou maior número de profissionais e ficou maior. Em 2001, a área de marketing corporativo passou a subordinar-se ao departamento de relações públicas.

Nos demais países onde a empresa está presente, o esquema é semelhante. Nos Estados Unidos, a área é muito importante: a gerência de relações públicas responde a um diretor diretamente ligado ao diretor-presidente. Ele tem as funções de diretor de relações públicas, marketing corporativo, relações governamentais, negócios jurídicos e segurança patrimonial.

O departamento de relações públicas subdivide-se em áreas distintas: comunicação interna, comunicação externa, relações com a imprensa, relações com a comunidade, relações governamentais e relações com formadores de opinião pública. Todas as pessoas que trabalham nessas áreas são relações públicas, representadas por coordenadores nas categorias de especialista-júnior, especialista-pleno e especialista-sênior. Apenas a pessoa que cuida das relações com a imprensa tem o cargo de assessora, visando dar mais propriedade à função. São contratados vários profissionais no regime de estagiários, para depois serem admitidos como coordenadores de relações públicas. Dá-se preferência a candidatos que tenham ótima habilidade de escrita e fala. Nos últimos dez anos, o departamento cresceu muito, sendo visto como um verdadeiro abre-portas para todos dentro da empresa. Existe um canal de diálogo muito bom com a diretoria e o setor é chamado para ajudá-la a implantar novas culturas.

A empresa, de maneira geral, passou por grandes transformações. Em 1995, toda ela foi redesenhada e passou a trabalhar por processos. Isso significou um grande trabalho de relações públicas e comunicação. Não se muda uma cultura do dia para a noite sem comunicação. Em 2001, implantaram-se novos sistemas de trabalho, baseados na metodologia dos seis sigmas, o que exigiu um grande esforço comunicacional. A caminho de uma "era da perfeição nos negócios", o departamento de relações públicas foi parceiro da empresa na tarefa de tornar esse entendimento mais fácil para todos.

O departamento de relações públicas modificou-se para acompanhar a empresa. Buscou, cada vez mais, pessoas realmente habilitadas para trabalhar na área. Um curso de pós-graduação não é mais suficiente e todos os profissionais devem saber falar, no mínimo, dois idiomas. Hoje a comunicação é feita, quase na totalidade, eletronicamente. Tudo isso é muito difícil de ser alcançado sem profissionais que não tenham muito compromisso com a empresa. As relações públicas devem ser focadas numa comunicação integrada e estratégica.

Hoje o profissional de relações públicas é visto como elemento estratégico nas empresas, devendo saber se valer com maestria das ferramentas da área. Seu perfil mudou. Ele precisa ser capaz de elaborar um plano de comunicação muito eficiente que possa interferir no negócio da empresa. O mercado pede dele conhecimentos estratégicos, que ele coloque a palavra "negócio" em seu título. Por isso, ele deve ter habilidades e conhecimentos múltiplos, para atuar em todas as áreas de relações públicas (comunicação interna e externa, mídia, governo e comunidade). Deve ter cultura abrangente e específica de negócios, dominar noções de macroeconomia e sociologia, para poder entender o desenvolvimento da humanidade. É necessário, enfim, que tenha uma visão holística da comunicação.

Empresa 3

Agenciadora que tem sido responsável por grande parte dos estágios conseguidos por estudantes de relações públicas na cidade de Campinas. Para ela, muitas empresas desconhecem a abrangência da área de relações públicas, mas, apesar disso, o mercado está tendo uma visão bastante ampla e positiva. Ele está buscando profissionais que impulsionem os negócios, como estrategistas da comunicação e consultores. Para concorrer no mercado, o profissional deverá ser criativo, generalista, ter boa bagagem cultural e gostar de desafios.

As empresas entrevistadas reconhecem que as relações públicas têm um novo perfil, decorrente de todas as transformações pelas quais as organizações passaram e ainda estão passando. Esse profissional deixou de ser um tarefeiro para ser um estrategista da comunicação e dos negócios da organização. A agenciadora ratifica de certa forma o que foi mencionado pelas outras duas empresas, sendo todas unânimes quanto ao novo perfil da profissão/profissional.

Se, por um lado, toda essa mudança está sendo considerada uma oportunidade, porque está evidenciando o importante papel dos relações-públicas, por outro está exigindo muitíssimo trabalho desses profissionais, visto serem eles, também, os responsáveis por ajudar a fazer essa transição sem grandes traumatismos. Pode-se, então, dizer que relações públicas é uma profissão polivalente, multifuncional, que trabalha com a comunicação integrada e estratégica, visando fazer que a organização atinja a sua missão e visão, embora às vezes se atribuam a ela outras nomenclaturas.

Do profissional exige-se que seja estrategista da comunicação e dos negócios da organização, necessitando ele, para exercê-la, ter características como:

- conhecimento de todas as técnicas de relações públicas;
- dinamismo;
- facilidade de relacionamento;
- conhecimento generalista;
- conhecimento das transformações mundiais e da organização onde atua;
- conhecimento de planejamento estratégico;
- pensamento globalizado e ação localizada;
- domínio de idiomas;
- domínio de redação;
- conhecimento de estratégias de negócios;
- boa cultura geral;
- facilidade de adaptação rápida a mudanças.

Mencione-se que esse perfil deverá ser atingido pelo candidato nos primeiros anos de sua carreira, não se podendo exigir que ele o tenha assim que sai da universidade para o mercado de trabalho. Há um tempo para chegar a esse estágio de desenvolvimento pessoal e profissional, razão por que as organizações em geral admitem profissionais juniores, *trainees*, auxiliares, estagiários etc.

Funções e atividades de relações públicas

A reformulação da legislação de relações públicas[3] apresenta as seguintes funções e atividades de relações públicas:

Funções específicas

- Diagnosticar o relacionamento da organização com os seus públicos.
- Prognosticar a evolução da reação dos públicos diante das ações das organizações.
- Propor políticas e estratégias que atendam às necessidades de relacionamento das organizações com seus públicos.
- Implementar programas e instrumentos que assegurem a interação das organizações com seus públicos.

Atividades específicas

- Realizar: pesquisas de auditorias de opinião e imagem; diagnósticos de pesquisas e de auditorias de opinião e imagem; planejamento estratégico de comunicação institucional; pesquisa de cenário institucional.
- Estabelecer programas que caracterizem a comunicação estratégica para a criação e manutenção do relacionamento das organizações com seus públicos de interesse.
- Planejar, coordenar e executar programas de: interesse comunitário; informação para a opinião pública; comunicação dirigida; utilização de tecnologia de informação aplicada à opinião pública; esclarecimento de grupos, autoridades e opinião pública sobre os interesses da organização.
- Ensinar disciplinas de teoria e técnicas de relações públicas.
- Avaliar os resultados dos programas obtidos na administração do processo de relacionamento da entidade com seus públicos.

---

3. Informações do manual fornecido pelo Conrerp da 2ª Região (São Paulo e Paraná).

Classificação dos públicos

Público é um agrupamento espontâneo que difere de agrupamentos como multidão e massa. Sua formação se dá quando existe uma controvérsia, pessoas ou grupos organizados de pessoas com ou sem contigüidade para discussão, predomínio da crítica e reflexão, além da busca de uma atividade comum para chegar a uma opinião coletiva. O quadro da seqüência relaciona as diferenças entre público, multidão e massa:

Público	Multidão	Massa
Com ou sem contigüidade física	Com contigüidade física	Sem contigüidade física
Existência de uma controvérsia	Existência de um acontecimento chamativo	Existência de um evento excitante
O indivíduo não perde a faculdade crítica e autocrítica	O indivíduo perde a faculdade crítica e autocrítica	O indivíduo não perde totalmente a faculdade crítica
O indivíduo age racionalmente	O indivíduo age irracionalmente	O indivíduo age racionalmente
O indivíduo pode pertencer a vários públicos	O indivíduo pertence, a cada vez, a uma multidão	O indivíduo pode pertencer a várias massas

ALGUMAS CLASSIFICAÇÕES EXISTENTES

As primeiras classificações de públicos para relações públicas limitaram-se a dividi-los em público interno e público externo (Penteado, 1969, p. 55).

Interno	Externo
– Donos da empresa – Acionistas – Empregados – Comunidade – Revendedores	– Fornecedores – Consumidores – Concorrentes – Entidades patronais representativas – Sindicatos profissionais – Órgãos de informação – Governo – Público em geral

Hebe Wey (1983, p. 65) faz uma classificação por setores de convivência ao dividir os públicos em interno e externo:

Públicos internos	Públicos externos
– Empregados – Familiares dos empregados	– Comerciais: revendedores, clientes diretos, consumidores, fornecedores e entidades de classe – Financeiros: bancos, estabelecimentos de crédito, grupos financeiros e agentes – Governamentais: órgãos federais, estaduais e municipais dos poderes executivo, legislativo e judiciário – Comunitários: grupos organizados, de ação ou de pressão, sociais, religiosos, estudantis, culturais, minorias etc. – Educacionais: docentes e discentes de nível universitário, secundário e fundamental – Comunicacionais: imprensa, rádio, tv e cinema – Trabalhistas: sindicatos, entidades de classe, de categoria de empregados

Cândido Teobaldo de Souza Andrade (1989, p. 78) acrescentou a essa classificação o público misto, entendendo que dois tipos apenas eram insuficientes para aglutinar todos os grupos com os quais as organizações mantêm relações.

Interno	Externo	Misto
– Funcionários – Familiares	– Escolas – Imprensa – Comunidade – Poderes públicos – Concorrentes	– Revendedores – Distribuidores – Fornecedores – Acionistas

Roberto Porto Simões (1995, p. 31) argumenta que a forma de classificar os públicos

> [...] tem sido satisfatória ou, pelo menos, ninguém a contestou na visão anterior de relações públicas, apesar de sua restrita utilidade para a elaboração de diagnósticos e prognósticos da dinâmica da relação. Serve para enquadrar os distanciamentos dos públicos quanto ao centro de poder da organização. Esse ponto de vista, entretanto, não resiste à análise, caso se considerem os deslocamentos constantes das fronteiras organizacionais e, também, das pessoas, através dos vários públicos a que pertencem.

Por isso, o autor não se contenta com essa classificação e seu critério, considerando-os

> insuficientes para caracterizar o tipo de relação público–organização. Os públicos precisam ser compreendidos sob outra ótica. É imprescindível identificá-los, analisá-los e referenciá-los quanto ao poder que possuem de influenciar os objetivos organizacionais, obstaculizando-os ou facilitando-os.

Fábio França (2002, p. 105) apresenta sua "conceituação lógica universal", classificando os públicos nas seguintes categorias básicas:

Públicos essenciais	Públicos não-essenciais	Redes de interferência
– Constitutivos da organização – Não-constitutivos ou de sustentação	– Empresas de consultoria e promoção da organização – Setores associativos organizados – Setores sindicais – Setores comunitários	– Redes de concorrentes – Redes de comunicação de massa (*mass media*)

É preciso levar em consideração as transformações que hoje ocorrem e estão levando as organizações a redefinir seu perfil e a reavaliar as características de seus públicos. As mudanças se vinculam a fatores como:

a) Cultura organizacional: representada pelo comportamento externado com base em normas e valores criados, cultivados, desenvolvidos e transmitidos aos novos membros que chegam para fazer parte do organograma, está em transição, causando traumatismos, insatisfações e desajustes.

b) Meio ambiente: hoje globalizado em termos de discussão e vigiado de perto pelos ambientalistas, constitui outro item a ser considerado pelas organizações, que devem administrar as questões com ele relacionadas, para contornar controvérsias que trazem prejuízos de imagem e de dividendos.

c) Globalização: levando as organizações da competição com o "vizinho" para uma competição mundial, gerou, em razão da qualidade dos grandes concorrentes, uma corrida às certificações pelas normas ISO, na busca de uma organização competitiva, marcada por velocidade e tecnologia, além de investimentos em recursos humanos, para sustentação de tudo isso.

d) Novas tecnologias: reduziram o quadro de recursos humanos e lhes impuseram a necessidade de uma reciclagem urgente e em ritmo acelerado, numa era em que, além de alterar todo o setor de produção, as máquinas de escrever foram substituídas pelo computador; as comunicações impressas externas, pela internet; as comunicações impressas internas, pela intranet; os relatórios impressos, pelo CD-ROM; as viagens para reuniões, pela videoconferência; os *releases* tradicionais, pelo fax-modem; as revistas, os boletins, os *folders*, os manuais etc., pelos *sites*; as caixas de sugestões, pela secretária eletrônica.

e) Código de defesa do consumidor: sua regulamentação propiciou o surgimento de um grande número de serviços de atendimento ao consumidor, cujos direitos precisam ser preservados para que não se arranhe a imagem das organizações.

f) Ascensão da mulher a cargos de chefia: hoje é um fato consumado, fazendo-se a mulher presente em todas as áreas do conhecimento e nos mais variados segmentos de mercado, com competência, ética e confiabilidade, o que também trouxe consigo dificuldades e a necessidade de ajustes, diante da própria cultura das organizações.

g) Privatizações: geraram troca de proprietários, fusão de culturas diferentes, demissões, novas contratações e todas as dificuldades de administração dessa nova conjuntura.

h) Destaque para a responsabilidade social: levou as organizações a refletir sobre a questão da filantropia, muitas vezes utilizada para camuflar a sua irresponsabilidade, e a assumir realmente sua responsabilidade social.

i) Comunicação eletrônica: interferiu de forma destacada na comunicação dirigida escrita impressa.

j) Terceirizações: muito enfatizadas nesta era da qualidade total, ocasionaram alterações significativas nos quadros das organizações, ao transferirem algumas de suas atividades, geralmente as atividades-meio, reservando para si apenas as atividades-fim.

k) Novos públicos: em decorrência das terceirizações, ao se trazerem outros empregados para dentro dos espaços físicos das organizações e ao se levarem para fora os seus próprios, novos públicos vão surgindo, o que exige redefinições, alterando os tipos de vínculo empregatício e criando novas responsabilidades.

De todas as transformações, a terceirização, hoje aplicada em larga escala, foi a que mais afetou os recursos humanos, físicos e materiais das organizações. Os "terceiros" que vêm ocupar o próprio espaço físico da organização/empresa têm vínculos diferenciados com a organização onde atuam.

São várias as formas de terceirizar. Embora todas envolvam trabalhar em parceria, existem diferenças entre elas:

a) Franquia: é a concessão a terceiros de uma marca, mediante normas preestabelecidas.

b) Aquisição: consiste na aquisição de matéria-prima de terceiros para a fabricação de produtos.

c) Compra de serviços: é a prestação de serviços de manipulação de matérias com especificações técnicas.

d) Representação: é a contratação de profissionais especializados para atuar com seus propostos no mercado.

e) Concessão: é a atuação de uma empresa em nome de outra, que cede sua marca, sob condições, para comercializar os seus produtos.

f) Locação de mão-de-obra: é a utilização do trabalho temporário.

g) Prestação de serviços: é o trabalho executado por terceiros no local do contratador ou onde for determinado.

É possível exemplificar a terceirização mencionando uma empresa cuja principal atividade é fabricar automóveis. Por que haveria ela de ter em seus quadros funcionários de limpeza, segurança, alimentação, saúde etc., que são apenas suporte, atividades-meio? A terceirização resolve a questão, deixando para a empresa automobilística a preocupação apenas com a sua atividade-fim, que é a produção de automóveis.

Nesse exemplo pode-se ver claramente que surgem outros tipos de públicos, com outras características, não sendo, portanto, suficiente classificá-los em interno, externo e misto, pois isso não mais corresponde às exigências geradas pelas transformações que ocorrem nas organizações. Assim, se faz necessária uma nova classificação para os públicos.

Proposta de uma nova classificação

Propõe-se a seguir uma classificação de públicos com base no vínculo jurídico-físico que se estabelece entre eles e as organizações.

Classificação

Interno-vinculado	Interno-desvinculado	Misto-vinculado	Misto-desvinculado	Externo
Administração superior	Funcionários de serviços terceirizados que atuam no espaço físico da organização	Vendedor externo não-autônomo	Fornecedores	Comunidade
Funcionários fixos		Acionistas	Distribuidores	Consumidores
			Revendedores	Escolas
Funcionários com contratos temporários		Funcionários do transporte com vínculo empregatício	Vendedores externos autônomos	Imprensa
				Governo
		Funcionários que trabalham em suas residências de forma não-autônoma	Funcionários que trabalham em suas residências de forma autônoma	Concorrentes
				Bancos
				Sindicatos
		Funcionários que prestam serviços em outras organizações	Familiares de funcionários	Terceiro setor
			Funcionários do transporte terceirizados	

Características

Interno-vinculado	Interno-desvinculado	Misto-vinculado	Misto-desvinculado	Externo
Ocupa o espaço físico da organização	Ocupa o espaço físico da organização	Não ocupa o espaço físico da organização	Não ocupa o espaço físico da organização	Não ocupa o espaço físico da organização
Tem vínculo empregatício com a organização	Não tem vínculo empregatício com a organização, mas esta tem responsabilidades para com esse público	Tem vínculo empregatício ou jurídico com a organização	Não tem vínculo empregatício com a organização, mas se relaciona com ela, tendo direitos e deveres	Não tem qualquer vínculo formal com a organização, mas esta tem responsabilidade para com esse público e está sempre atenta à sua opinião

Essa classificação toma por base a de Cândido Teobaldo de Souza Andrade (1989), que é física, e acrescenta a ela a característica jurídica da relação empresa–público. O aspecto jurídico, nas organizações em geral, é muito relevante, principalmente quando há controvérsia entre as partes envolvidas. As organizações dispensam muita atenção a ele, pois o julgamento dos atos pode extrapolar a esfera organizacional, indo para a justiça comum, o que gera desgastes de toda a ordem.

A nova classificação vem tornar transparente, no âmbito organizacional, a relação públicos–organização. O tipo de vínculo jurídico (menor ou maior) não exclui nenhum dos públicos das ações da organização nem a possibilidade de estes serem agentes dela.

Mercado e nomenclaturas

O grande questionamento dos estudantes de relações públicas é: por que nas empresas, nas agências de recrutamento e seleção de pessoal e nos classificados dos jornais impressos não se encontra "Precisa-se de relações públicas"?

Isso tem gerado uma inquietação no meio acadêmico e também colaborado para a idéia de que as relações públicas são uma profissão que tem reduzido o número de vagas no mercado de trabalho brasileiro.

Essa percepção não encontra respaldo na realidade empresarial brasileira, pois as relações públicas aparecem também com outras nomenclaturas, como, entre outras: comunicação; serviço de atendimento ao consumidor (SAC); relações com a comunidade; responsabilidade social; ações com o meio ambiente; marketing social; endomarketing; e marketing de relacionamento.

As organizações/empresas, utilizando outras nomenclaturas, não ficam obrigadas a contratar profissionais com formação em relações públicas e registro no Conselho Regional de Relações Públicas (Conrerp).

Diante da liberdade de escolha que elas passam a ter com essa medida adotada, pessoas com outros tipos de formação entram na concorrência, mas há empresas que optam por aqueles com boa formação em relações públicas.

Considerações finais

As relações públicas têm inúmeras definições, mas já é possível traçar o seu perfil como atividade estratégica de comunicação. O mercado tem mostrado essa tendência e também levanta um alerta para as várias nomenclaturas que estão absorvendo profissionais com formação na área.

Públicos com outras características estão fazendo parte do universo de relações públicas, outras estratégias e instrumentos de comunicação passam a fazer parte do planejamento realizado para as organizações.

As transformações nas organizações atingiram a todos os profissionais. Há uma corrida à reciclagem para adaptação aos novos tempos. As exigências de anos atrás foram multiplicadas. A graduação já não satisfaz, é necessário buscar a pós-graduação e até ir além dela. Para brasileiros, dominar a língua pátria e mais outro idioma já não é suficiente. Quem deseja ter sucesso profissional no Brasil precisa conhecer pelo menos português, inglês e espanhol.

Pode-se notar que hoje são muito maiores as exigências que se colocam para o profissional em termos de perfil. E é necessário ele preencher essas exigências para não ser excluído do mercado. O profissional empreendedor tem bom espaço, mas dele se pede ainda mais porque trabalha para vários clientes, com necessidades diversas.

Sentindo o impacto desse novo quadro traçado pela atual ordem mundial, os cursos de relações públicas no Brasil estão buscando se adequar à nova realidade.

Referências bibliográficas

ANDRADE, Cândido Teobaldo de Souza. *Psico-sociologia das relações públicas*. São Paulo: Loyola, 1989.

_____. *Dicionário profissional de relações públicas e comunicação*. São Paulo: Summus, 1996.

_____. *Curso de relações públicas*. 5. ed. São Paulo: Atlas, 2003.

CAHEN, Roger. *Tudo que seus gurus não lhe contaram sobre comunicação empresarial*. 3. ed. São Paulo: Best Seller, 1988.

CAPRIOTTI, Paul. *Planificación estratégica de la imagen corporativa*. Barcelona: Ariel Comunicación, 1999.

CERTO, Samuel C. e PETER, J. Paul. *Administração estratégica*. Trad. de Flávio Deni Steffen. São Paulo: Makron Books, 1993.

CESCA, Cleuza G. Gimenes. *Organização de eventos: manual para planejamento e execução*. 7. ed. São Paulo: Summus, 1997.

_____. *Comunicação dirigida escrita na empresa: teoria e prática*. 4. ed. revista e ampliada. São Paulo: Summus, 2006.

CESCA, Cleuza G. Gimenes e CESCA, Wilson. *Estratégias empresariais diante do novo consumidor*. São Paulo: Summus, 2000.

CHAPELL, R. T. e READ W. L. *Comunicação interna na empresa moderna*. Trad. de Edmond Jorge. Rio de Janeiro: Fórum, 1973.

CORNELLA, Alfons. *Información digital para la empresa*. Barcelona: Marcombo, 1996.

CORRADO, Frank M. *A força da comunicação*. São Paulo: Makron Books, 1994.
FLEURY, Maria Tereza e FISCHER, Rosa M. *Cultura e poder nas organizações*. 2. ed. São Paulo: Atlas, 1996.
FORTES, Waldyr Gutiérrez. *Relações públicas: processo, funções, tecnologia e estratégias*. Londrina: UEL, 1998.
FRANÇA, Fábio. Relações públicas: estratégias de relacionamento com públicos específicos. 2000. Tese (doutorado em Ciências da Comunicação) – ECA-USP, São Paulo, 2000.
FREITAS, Maria Ester. *Cultura organizacional*. São Paulo: Makron Books, 1991.
GRUNIG, James E. (ed.). *Excellence in public relations and communication management*. Mahwah: Lawrence Erlbaum Associates, 1992.
GRUNIG, James E. e HUNT, Todd. *Managing public relations*. Nova York: Holt, Rinehart & Winston, 1984.
GRUNIG, Larissa e GRUNIG, James E. *Manager's guide to excellence in public relation and communication management*. Mahwah: Lawrence Erlbaum Associates, 1995.
KOTLER, Philip. *Marketing para o século XXI*. Trad. de Cristina Bazán. São Paulo: Futura, 2000.
KUNSCH, Margarida M. Krohling (coord.). *Planejamento de relações públicas na comunicação integrada*. 3. ed. Summus, 1995.
_____. *Obtendo resultados com relações públicas*. São Paulo: Pioneira, 1997.
_____. *Relações públicas e modernidade: novos paradigmas na comunicação organizacional*. São Paulo: Summus, 1999.
LAMPREIA, J. Martins. *Comunicação empresarial*. Lisboa: Texto, 1992.
LESLY, Philip. *Fundamentos de relações públicas e da comunicação*. Trad. de Roger Cahen. São Paulo: Pioneira, 1995.
LLOYD, Herbert e PETER, J. Paul. *Relações públicas: as técnicas de comunicação no desenvolvimento das empresas*. Lisboa: Presença, 1985.
MENDES, Gilberto Ferreira (org.). *Manual de redação da presidência da república*. Brasília, 1991.
MOTTA, Paulo Roberto. *Transformação organizacional*. São Paulo: Qualitymark, 1997.
PENTEADO, J. R. Whitaker. *Relações públicas nas empresas modernas*. Lisboa: CLC, 1969.
RECORDER, Maria José; ABADAL, Ernest e CODINA, Luís. *Informação eletrônica e novas tecnologias*. São Paulo: Summus, 1996.
SIMÕES, Roberto Porto. *Relações públicas: função política*. 3. ed. São Paulo: Summus, 1995.
_____. *Relações públicas e micropolítica*. São Paulo: Summus, 2001.
SQUIRRA, Sebastião. *O século dourado: a comunicação eletrônica nos EUA*. São Paulo: Summus, 1996.

TORQUATO, Gaudêncio. *Comunicação empresarial/Comunicação institucional.* São Paulo: Summus, 1984.
VALENTE, Célia e NORI, Walter. *Portas abertas.* São Paulo: Best Seller, 1990.
WILSON, Graham. *Fazendo acontecer a mudança.* São Paulo: Saraiva, 1996.

2

RELAÇÕES PÚBLICAS ESTRATÉGICAS COM O PÚBLICO INTERNO

WALDYR GUTIERREZ FORTES

As atividades desenvolvidas pelo profissional de relações públicas devem ser do conhecimento dos administradores, a fim de que ambos orientem suas funções em harmonia com os objetivos gerais de uma organização e possam auxiliá-la a alcançá-los, sem perder de vista o interesse público que deve nortear as atribuições das organizações empresariais.

Por outro lado, é essencial que a prática de relações públicas entenda a problemática administrativa com a finalidade de opinar, de maneira útil e inteligente, sobre as diversas possibilidades de administrar os subsistemas de uma organização. Somente assim haverá condições de identificar as oportunidades de desenvolver um trabalho de relações públicas efetivo, concreto e visivelmente necessário àquele contexto. Os benefícios desta atividade profissional devem ser explicitados com clareza, para que os empreendedores compreendam as vantagens decorrentes do relacionamento público desses organismos.

Introdução

As empresas precisam do apoio de seus servidores. Está nas organizações o maior empenho em expandir a produtividade, ao implementar o interesse dos empregados pelos negócios e pelas operações, numa mentalidade mais coerente com os dias atuais, que privilegia, por exemplo, a qualidade de produtos e serviços oferecidos. De outro modo, como pode haver qualidade, se não há uma preocupação apurada com a competência da mão-de-obra?

A disponibilidade de mão-de-obra qualificada e com especialidades bem definidas em todos os níveis representa uma vantagem competitiva. As relações públicas contribuem efetivamente com os esforços da empresa ao elevarem os empregados da companhia à categoria de público interno, consciente e participante, uma vez que, sem o apoio deles, qualquer esforço estratégico não terá sustentação para conseguir os resultados pretendidos.

A política de pessoal deve ser constituída como um sistema integrado, no qual as partes fazem sentido, para que os resultados sejam efetivados. E, sendo esperada a formação do público interno na companhia, é imprescindível elevar o nível de entendimento de todos os parceiros. A adequação das condições existentes para o aperfeiçoamento do capital humano da organização merece acompanhamento do profissional de relações públicas, para incrementar, desta maneira, a lucratividade obtida dos consumidores (Fortes, 1999, p. 66).

Em vista disso, o profissional de relações públicas deve ter conhecimento completo da instituição onde atua e, diante do aparecimento de problemas, equacioná-los e apresentar sugestões para solucioná-los, pois, se a organização interna não atende às exigências de seus componentes, tornam-se praticamente inócuas as programações de relações públicas. Deve-se, então, proceder a uma ampla investigação crítica da entidade por meio de diferentes tipos de análise.

Atualmente, as relações públicas convertem-se numa força potente do processo administrativo, utilizando técnicas que visam conquistar a boa vontade e a cooperação das pessoas com as quais uma organização se relaciona ou das quais depende. As relações públicas têm como tarefa, portanto, a integração das entidades e dos seus diversos públicos, estabelecendo, assim, a compreensão e a credibilidade de uma empresa com os seus diversos grupos de interesse, gerando conceito.

Além disso, na moderna administração, a área de relações públicas deixou de ter a função de simples executora de tarefas de comunicação e seus profissionais passaram a participar de todas as discussões administrativas que possam ter reflexos na opinião pública (Mestieri, 2004, p. 36).

As relações públicas no processo administrativo devem ser desenvolvidas mediante uma base de dados concreta que apóie e justifique o papel social das organizações, acarretando, deste modo, ganhos de relevância para o seu relacionamento público. Uma base de dados efetiva assegura às relações públicas seu papel estratégico; por outro lado, faz que elas não tenham caráter transitório, restrito apenas a manter o que já está estabelecido, o que não estimula os organismos empresariais a cumprir seus objetivos de responsabilidade social e de sobrevivência no mercado de bens para comercialização.

Pesquisa institucional

Mesmo ante as pressões decorrentes do processo de globalização, muitas empresas persistem em conservar as estruturas organizacionais inalteradas. Suas políticas de relacionamento com os empregados procuram somente perpetuar o que está estabelecido, conservam instalações que não respeitam as características humanas daqueles que nelas executam suas funções e manipulam os materiais necessários às suas atribuições. Diante disso, e com o passar do tempo, não percebem que estão em crise, por terem mantido posições inaceitáveis perante a opinião dos públicos (Fortes, 2003, p. 121).

A base de dados em relações públicas é a *pesquisa institucional* ou *administrativa*, que oferece as fontes de análise das organizações, para que estas cumpram seus objetivos e estejam preparadas para enfrentar as alterações que venham a ocorrer no seu ambiente interno e externo. Este é um tipo de instrumento específico de relações públicas, que prepara o exercício da atividade de apoio à administração geral da organização e o assessoramento que lhe cabe dar. Mesmo nas instituições que primam por uma adequada condição interna, este conhecimento é necessário, na medida em que a melhoria destas mesmas condições é sempre desejável.

A pesquisa institucional é conceituada como

> a compilação de dados resultantes de atos administrativos ou opiniões de diretores, chefes e funcionários, bem assim a sua interpretação e apresentação inteligente, de molde a permitir o levantamento de área ou áreas dentro da empresa que se encontrem em dificuldade. É por esse tipo de pesquisa que se pode fazer a investigação e a crítica a respeito das normas e processos da organização, para explicar a atitude e opiniões dos públicos no que diga respeito ao pessoal, instalações, equipamentos, horário, localização e métodos de trabalho. (Andrade, 2003, p. 78)

O objetivo da pesquisa institucional é levantar, metódica e periodicamente, as condições internas, principalmente por intermédio de dados qualitativos obtidos em questionários especialmente preparados para isso, identificando as deficiências, as lacunas e os desequilíbrios existentes na organização. Efetua-se o diagnóstico administrativo e oferece-se aos administradores uma visão mais ampla quando da preparação de ações futuras e adequadas aos problemas detectados (Andrade, 2003, p. 79).

Uma das finalidades da aplicação da pesquisa institucional nas organizações é comparar seu próprio desempenho, por períodos determinados de tempo, a fim de verificar eventuais afastamentos dos objetivos estabelecidos. Permite, ainda, comparar a performance de seus vários subsistemas, tentando localizar com precisão os pontos problemáticos na estratégia global.

O somatório dos fatores pesquisados permite a comparação da organização, em termos quantitativos e qualitativos, com outras empresas do mesmo setor ou de setores concorrentes, determinando, então, se ela está realmente crescendo ou apenas cumprindo suas propostas iniciais, sem acrescentar inovações que contribuam para a elevação total do ramo empresarial.

As empresas, em geral, não gostam de mostrar suas cavernas e seus recônditos. Alguns rapidamente podem sacar argumentos como "as empresas não são divãs nem assembléias políticas". Pesquisas incomodam, principalmente aquelas que podem revelar medos e fraquezas psicológicas e políticas dos dirigentes (Nassar, 2004, p. 46).

Assim, a pesquisa institucional vai superar esses perigos existentes no ambiente empresarial mostrando efetivamente como a organização é e sugerindo como deveria ser. Vai também perceber que por trás de todas as suas ações está o funcionário e o sucesso destas mesmas ações depende de como ela encara os seus colaboradores: de modo mais conservador (perpetuando rotinas que estão estabelecidas, ficando paralisada e tendendo a desaparecer) ou como fator estratégico para o seu desenvolvimento.

Processo de relações públicas

A implantação de programações de relações públicas numa organização requer o estabelecimento de um processo adequado. Isso significa que as relações públicas não podem ser deixadas ao acaso, pois não são atividades que acontecem por si sós, mas como conseqüência de um esforço deliberado e contínuo.

Assim, a ação de aplicar a pesquisa institucional constitui uma tarefa específica do profissional de relações públicas, ao pretender uma aproximação com os diversos grupos que envolvem as organizações, mediante a correta estruturação administrativa e funcional deste tipo de instituição.

O processo de relações públicas, proposto por Andrade (1983), é o mais simples e adequado de ser aplicado e desenvolvido. Está estruturado em seis fases flexíveis, simultâneas e correlatas.

1) Primeiramente, na *determinação do grupo e sua identificação como público*, localizam-se os grupos, estudando todas as possibilidades de transformá-los em autênticos públicos.
2) Na *apreciação do comportamento do público*, por meio de pesquisas, avalia-se o nível de repercussão que as medidas adotadas pela empresa têm sobre os seus grupos de interesse e os interessados em suas ações.
3) O *levantamento das condições internas* permite estudar a estrutura organizacional para adequá-la ao interesse dos públicos.

4) Na fase de *revisão e ajustamento da política administrativa*, exercendo as funções de assessoramento e de coordenação das políticas gerais da organização, o profissional de relações públicas representa os públicos diante da alta administração.
5) No *amplo programa de informações*, pratica-se a comunicação com os grupos, embasada numa informação completa e na liberdade de discussão para a formação de públicos, estabelecendo-se, então, o conceito da organização.
6) O *controle e a avaliação dos resultados* são uma constante em todo o processo, aquilatando as variáveis internas e externas que podem vir a comprometer os resultados esperados.

Ao aplicar e desenvolver a pesquisa institucional, o profissional de relações públicas estará realizando a terceira fase do processo de relações públicas, o *levantamento das condições internas* (Andrade, 1983).

Estudo dos públicos

O objetivo de estudo das relações públicas é a formação de públicos, resultando daí a opinião destes. Entende-se que "público é qualquer grupo que tem interesse ou impacto real ou potencial sobre as condições da empresa atingir seus objetivos" (Kotler, 1998, p. 586). Percebe-se, então, que existem diversos interesses e grupos distintos. Assim sendo, para cada um deles deverão ser instituídas possibilidades para o fornecimento das informações indispensáveis à criação, conquista e permanência dos públicos.

A opinião pública reage às iniciativas da organização e, muitas vezes, manifesta-se antes de ter uma informação completa sobre o assunto (temos "opinião" antes da informação). Muitas vezes romper esse círculo é muito dispendioso; então, é melhor prevenir, trabalhar com os públicos para que, surgida a emergência, tenhamos autênticas opiniões formadas em nossa defesa, como decorrência de um eficaz trabalho de relações públicas.

As pessoas e os grupos sociais, ao se voltarem para uma organização com o desejo de apresentar e defender suas opiniões, tendo interesses permanentes ou não, irão constituir os seus públicos. Estes agrupamentos espontâneos somente poderão ser considerados públicos se a instituição fixar condições favoráveis para o seu surgimento, mediante o planejamento e a execução de uma política de relações públicas, por um serviço especial, criado ou contratado, e desenvolvido com esta finalidade, que assegure o diálogo planificado e permanente.

As relações públicas procuram elevar o nível de entendimento entre uma organização e os grupos sociais, baseadas na absoluta possibilidade de participação de todos nos assuntos que interessam aos públicos que podem afetar os seus resultados. Porém, não são todas as pessoas que têm iguais condições de desfrutar de ampla liberdade e volume de informações compatível para ser transformadas em públicos.

Diante deste quadro tão urgente e complexo, "é preciso criar um número cada vez maior de pessoas, com capacidade de formar opinião racionalmente esclarecida, em todos os ângulos de cada questão e sobre todos os assuntos atuais de importância" (Andrade, 2003, p. 4).

Na realidade, a opinião decorrente dos públicos, como afirma Grunig (1997, p. 4), "é causa e efeito das atividades de relações públicas. O poder da opinião pública afeta decisões gerenciais e é função dos profissionais de relações públicas identificar esta opinião e comunicá-la e explicá-la para a administração".

Quem faz as relações públicas das empresas são elas próprias, por meio de tudo que fizerem ou deixarem de fazer, segundo os princípios psicológicos, sociológicos, históricos, políticos, econômicos, éticos e culturais aos quais toda a sociedade está submetida. O conceito de uma empresa é obtido essencialmente em razão da maneira como ela se posiciona e atua em suas transações com a sociedade na qual está inserta (Simões, 1995).

Colocar-se numa posição consolidada na mente do consumidor, orientando todas as ações da organização, é a principal proposta da fixação de uma imagem pública desta diante dos públicos. Importa ser o melhor em alguma coisa, mesmo que seja uma vice-liderança consolidada no mercado. A imagem prévia permite aos públicos distinguir, por exemplo, as diversas ofertas colocadas à sua disposição e, no momento da compra, decidir-se pelo produto que está favoravelmente posicionado em sua mente.

Esta imagem é construída ao longo do tempo, podendo, entretanto, ser mais difícil mantê-la do que criar uma nova, pois o sucesso tende a entorpecer a organização vencedora que não vê as ameaças às suas posições presentes no mercado (Souza, 1994, p. 196).

Além da imagem (uma preocupação mercadológica), o conceito público, resultado final do trabalho de relações públicas, constitui evidentemente o maior capital do qual uma organização dispõe em todos os seus esforços estratégicos de conquista e manutenção dos públicos. Porém, "uma companhia que conquista uma boa reputação por tratar bem seus funcionários, por exemplo, pode ter seu esforço anulado se souberem que ela compra serviços de empresas que não respeitam direitos humanos básicos" (Vampel, 2005, p. 16).

Mais ainda, o conceito indica os parâmetros a serem fixados para definir a imagem de cada um dos produtos da companhia, num trabalho de colaboração efetiva entre relações públicas e marketing da empresa.

Público interno estratégico

Nestes conceitos sente-se a importância decisiva e estratégica dos funcionários da organização. Deste modo, as relações públicas devem ser iniciadas internamente, assegurando-se boas condições de trabalho, remuneração justa, participação programada e elevação geral dos empregados, mediante a verificação de suas reais necessidades e aspirações, sendo a pesquisa institucional o método adequado para levantar estas reivindicações.

Nesse cenário, há a intenção de transformar os empregados e as chefias em autênticos públicos com a finalidade de obter a aprovação das iniciativas estratégicas das organizações.

As relações com o público interno abrangem os funcionários, seus familiares e dependentes. Não importa se todos os colaboradores da organização estão ou não sob um mesmo teto; existindo a relação da "venda" do trabalho por algum tipo de remuneração, será estabelecida a relação que caracteriza o público interno. Deste modo, um empregado que trabalha em sua casa ou em Nova York numa filial da empresa deve ter a mesma atenção do colaborador que fica na sede da empresa e não passa a constituir, por isto, uma nova categoria de público (Andrade, 2003, p. 95).

As conclusões da pesquisa institucional irão sugerir a necessidade de uma profunda atualização das estruturas internas, especialmente nas linhas de comando das outras funções gerenciais, com o objetivo de incrementar a competitividade, que decorre da expansão da produtividade e do melhor aproveitamento dos insumos existentes.

Para Andrade (2003, p. 102), "é preciso divulgar constantemente a política administrativa da instituição. Enfim, utilizar todos os veículos de comunicação dirigida disponíveis e em todas as ocasiões. Será útil também a promoção de valores individuais dos empregados".

A empresa deve maximizar as suas potencialidades materiais e humanas e, por isso, o relacionamento com os públicos não pode ser realizado timidamente; há quase uma premência de alterar as situações conservadoras para um posicionamento mais agressivo e estrategicamente relevante (Fortes, 1999, p. 111).

Aplicando a pesquisa institucional

A aplicação da pesquisa institucional nas organizações é uma iniciativa do profissional de relações públicas. Os resultados colhidos serão mais úteis e corretos se o pesquisador puder contar com todo o apoio da alta administração e com as garantias de implementação das medidas recomendadas (Fortes, 1999, p. 79).

Os resultados da pesquisa institucional permitem ao profissional de relações públicas estimular a criatividade dos executivos, empregados e dirigentes. Para isso, a criatividade deverá estar amparada em dados efetivos que permitam analisar todas as causas que estão afetando a empresa e os seus produtos e serviços colocados à disposição do consumidor.

A pesquisa institucional, além dos fatores quantitativos, tem para as relações públicas o significado mais amplo de detectar questões que possam trazer conseqüências desfavoráveis primeiramente para o público interno. Assim, o enfoque inicial da análise de dados privilegia a qualidade e o ser humano no ambiente empresarial, procurando-se adotar medidas que preservem a sua condição, advindo daí os benefícios à organização, desde que os empregados já tenham sido beneficiados.

Ela deve ser realizada de maneira deliberada como parte de medidas de comportamento, desenvolvidas na rotina do trabalho de relacionamento público, em todas as oportunidades em que se apresentam situações que possam afetar os públicos da empresa.

A pesquisa alcança melhores resultados se fizer uso de instrumentos previamente elaborados. Devem ser montados questionários específicos para cada um dos setores funcionais da empresa, como, por exemplo, diferentes instrumentos para os encarregados de recursos humanos, de marketing, de finanças, de produção etc.

A aplicação de instrumentos de coleta de dados não dispensa a observação direta. Visitas regulares a todas as instalações da empresa proporcionam subsídios à formulação do problema da pesquisa, à fixação de objetivos para determinado setor, à identificação das lideranças formais e informais na estrutura, ao aprofundamento dos conhecimentos sobre a organização, seus métodos de trabalho, condições gerais e outros dados globais.

O tipo de organização determina a forma e a estrutura dos instrumentos de coleta de dados. Assim, se na empresa industrial se analisam a produção, a distribuição física de produtos, o leiaute da disposição de máquinas, a segurança de equipamentos, o grupo de operários, na organização comercial examinam-se as compras de produtos acabados, os critérios de financiamento aos consumidores finais, o leiaute do ponto-de-venda, o treinamento de vendedores, os esquemas existentes de entrega de mercadorias e o sistema de pós-venda. Numa escola verificam a composição de seu corpo docente e discente, os avanços dos métodos de ensino, o leiaute de laboratórios, as salas de aula, as quadras desportivas; num hospital, coletam-se dados sobre as especialidades atendidas e coordenam-se as relações entre médicos, enfermeiros, atendentes e pacientes.

A principal preocupação durante o levantamento de dados é o correto agrupamento de informações. A fase inicial de coleta de dados refere-se às informações quantitativas, para o profissional de relações públicas entender o universo empresarial particular que vai examinar, além do relacionamento com as outras organizações do mesmo ramo. Em seguida, os dados qualitativos devem definir a linha básica de atuação da atividade de relações públicas, possibilitando que as empresas desenvolvam ações específicas e apropriadas a cada situação de mercado e de relacionamento público.

Operacionalização

As informações coletadas pela pesquisa institucional envolvem questões referentes a todos os setores da empresa, sejam eles relacionados diretamente aos fatores internos ou à ligação com o mundo externo à organização, mas considera-se que todos os ambientes operacionais da organização são influenciados pelo público interno.

Finalidade e funcionamento da empresa

A finalidade da organização é determinada, basicamente, pela definição da missão da empresa. As razões de sua fundação são verificadas quando se examina sua história. As características do seu funcionamento são constatadas pelo exame do perfil de seus administradores, da caracterização de sua direção geral, da governança corporativa, da estrutura funcional e da cultura organizacional.

Missão da empresa

O delineamento da missão da empresa está ancorado no trinômio mercado-cliente-produto. Determina qual é o "negócio" da empresa, por que ela existe ou, ainda, em que tipo de atividades deverá concentrar-se no futuro.

Quando são examinados os horizontes de duas empresas distintas, observa-se que uma tem como vocação de negócios "vender microcomputadores a várias organizações", ao passo que a outra da mesma esfera pretende "acarretar facilidades ao processo decisório das companhias"; isto significa que "a primeira empresa simplesmente identifica o seu ramo básico de atividades, e a segunda vai muito além, qualificando a natureza dos seus propósitos básicos" (Oliveira, 1998, p. 116).

Se a missão da empresa é claramente entendida pelos seus dirigentes, mais ainda deve ser assimilada pelos seus funcionários.

O laboratório Novo Nordisk tem um dos maiores portfólios de produtos para diabetes e equipamentos para sistema de aplicação de insulina do mundo. A empresa tem uma grande preocupação com o consumidor final. Prova disso é que disponibiliza uma enfermeira para ir até a casa das pessoas e ensinar a aplicar a insulina e tornar o processo menos doloroso. "Temos consciência de que o nosso trabalho salva muitas vidas", diz uma funcionária (Silveira, 2004, p. 185).

O delineamento da missão da empresa pode ser investigado por meio do perfeito entendimento de suas possibilidades atuais e do seu papel real em relação a mercado, clientes e ambiente interno e externo. Como afirma Figueiredo (1999, p. 86), "quando a visão ou a missão não é claramente compreendida pelas pessoas que interagem direta ou indiretamente com a organização, o processo de comunicação estará interrompido, ocorrerá um ruído que deformará o real objetivo desejado".

História da empresa

A análise histórica de uma empresa é um recurso organizacional geralmente inexplorado. Normalmente, os administradores buscam dados concretos para a tomada de decisões, pois estes geram segurança e confiança para o processo administrativo.

Ao lado das informações numéricas, entretanto, a experiência e os registros de atividades passadas ou situações semelhantes podem definir melhor o que precisa ser resolvido.

No Brasil, inúmeras empresas descobriram que máquinas e móveis antigos, fotos amareladas, documentos quase esfarelados, relatos orais, fitas de áudio, filme e vídeo, aparentemente sem nenhuma utilidade, são um verdadeiro acervo de vantagens competitivas sobre aquelas organizações que jogaram sua memória no lixo (Nassar, 2004, p. 53).

A história empresarial pode ser empregada como um instrumento de diagnóstico para superar eventuais problemas do presente que encontram sua origem no passado da organização ou servir como analogia para facilitar o desempenho atual. Pode ser, ainda, adotada como uma herança que virá a determinar a cultura empresarial.

O registro histórico e sua divulgação para os públicos têm o caráter de vincular a história da empresa à evolução da sociedade.

A Asea Brown Boveri é expedita na arte de mostrar que é transcendente por meio de sua história. Em seu museu, em Osasco (SP), apresenta-se ligada intimamente à história da eletricidade brasileira, desde o início do século, na Usina Hidroelétrica de Paulo Afonso (Bahia) e também no primeiro bondinho do Pão de Açúcar (Rio de Janeiro). O gesto da empresa a transforma em uma *persona grata*, integrada aos esforços de promover o desenvolvimento do Brasil (Nassar, 2004, p. 55).

A história deve ser registrada para servir como um eficiente sistema de controle, a fim de que os valores principais não se percam na execução de tarefas diárias, alterando a substância das razões da fundação e do funcionamento da organização.

Perfil dos administradores

Ao traçar um perfil de todos os administradores de uma organização, independentemente de serem proprietários ou não, desde os diretores até o nível de supervisores, verifica-se o conhecimento destes sobre o próprio negócio e examina-se o seu comprometimento com ela.

Sem a compreensão perfeita do capital humano disponível da empresa, fica impossível decidir sobre os seus demais investimentos.

Os administradores de empresas já entenderam que os recursos humanos são o principal ativo das organizações. Sem profissionais altamente adequados e preparados para receber as novas tecnologias que estão surgindo, não terão condições de sobrevivência. As empresas mais avançadas passarão a registrar seu capital humano, além dos ativos normais, como edifícios, móveis e utensílios (Giangrande e Figueiredo, 1997, p. 43).

A análise do perfil dos administradores também permite destacar seu comportamento ético. Na visão de Teixeira (2005, p. 34), "a ética é um conjunto de princípios e disposições voltados para a ação, cujo objetivo é balizar as ações humanas. São problemas de convivência humana que geram a maioria dos problemas éticos". Por isto, o Banco Itaú adota desde o ano 2000 uma política que

> inclui um código de ética e códigos setoriais que estruturam e dinamizam práticas de boa governança corporativa, estrito respeito às leis, cultivo da transparência e da responsabilidade. O objetivo é disseminar, de forma continuada, atitudes e decisões éticas integradas às técnicas de controles internos, gestão de riscos e promoção do desenvolvimento sustentável. (Valores e transparências, 2005, p. 64)

Para o profissional de relações públicas é útil saber com que tipo de pessoas está atuando, para auxiliar na linha de abordagem a ser adotada na realização de seu trabalho.

Direção geral

Os princípios da unidade de comando e centralização na tomada de decisões, que normalmente norteiam a direção geral das organizações, têm sido substituídos pela delegação de autoridade e responsabilidade, em razão da pena de descompasso em comparação com outras organizações e como exigência do crescimento da estrutura das companhias.

A gestão participativa se impõe e demonstra a modernidade de uma empresa que age de acordo com os novos tempos.

O empresário atualizado com os requisitos fundamentais de sobrevivência das empresas sabe claramente quanto será importante integrar sua equipe de trabalho para alcançar os resultados necessários para a perenização de seus negócios. O funcionário integrado ao negócio da empresa passará a se sentir um empreendedor de fato, o que é por natureza, sem nunca ter sido admitido nesse papel (Giangrande e Figueiredo, 1997, p. 56).

Ao profissional de relações públicas cabe analisar qual é o tipo de direção mais viável para o tipo de empresa em análise, em virtude da cultura organizacional, combinando-a com uma estrutura leve e organizada da maneira mais participativa possível.

Governança corporativa

A questão da boa governança é um diferencial que não deveria existir, porque todas as organizações devem explicações aos seus públicos e, ainda mais, devem conhecer as aspirações desses grupos para não adotar medidas que venham a contrariar os seus interesses. Todas as ações das empresas acabam por afetar algum interesse específico de um grupo, o qual tende a reagir em sentido positivo, se a ação lhe é favorável, ou negativo (mais comum), se a ação for contrária.

Ocorre que, muitas vezes, não se tem a noção exata do que pode acontecer com determinada ação, julgada positiva pelos especialistas da organização, após exaustivos estudos (quando são feitos etc.), porém por desconhecimento pode acontecer que algum segmento não seja contemplado e... o estrago está feito.

A Editora Abril, visando demonstrar melhor os seus resultados, criou um projeto de governança corporativa, em 2001, com a finalidade da abertura de seu capital. O projeto abrange "a formação de um conselho de administração, de um conselho editorial e de um comitê de auditoria. O estatuto da *holding* foi adequado a uma empresa de capital aberto e passou a dar mais segurança ao acionista minoritário" (Valores e transparências, 2005, p. 65).

As relações da sociedade atual são complexas e entrelaçadas, cabendo às organizações, como ativos componentes dessa mesma sociedade, agir como tal e respeitar todos os interesses.

Muitas vezes, soluções mais tradicionais ajudam nesse esforço de tornar a empresa mais visível aos olhos de seus públicos. A Petrobras criou uma ouvidoria-geral, em 2002, com o objetivo de estabelecer um canal direto do público com a companhia, sem entraves ou burocracias, recebendo sugestões, reclamações, elogios ou relatos de problemas em geral. Cabe à ouvidoria encaminhar quaisquer tipos de consulta, garantindo que tenham resposta. (Valores e transparências, 2005, p. 64)

É o "bom e velho" trabalho de relações com os diferentes públicos da organização, atualizado e provavelmente trajando uma nova roupagem.

Estrutura da organização

As estruturas das empresas caracterizaram a sociedade pelo predomínio dos fatores de mercado, quando tudo e todos têm seu valor determinado pela rentabilidade obtida e não pelo seu valor real.

Quando os resultados da pesquisa institucional indicam a necessidade de mudanças na estrutura da organização para aprimorá-la e aproximá-la de seu público interno,

de que adianta fazer um jornal para empregados se o que o funcionário deseja a empresa não oferece. De que adianta fazer um folheto institucional, para tornar a empresa conhecida, para colocá-la como líder no setor, se seus diretores se negam a assumir a liderança associativa. Somos profissionais que recomendarão as mudanças nas atitudes administrativas. (Mestieri, 2004, p. 37)

O grupo Pão de Açúcar iniciou a década de 1990 com problemas em profusão. Envolvido em disputas familiares, com uma estrutura pesada e imobilista e uma incômoda imagem de praticante de preços altos, ele se defrontava com uma crise aparentemente irreversível. Após várias medidas de ajuste, nada foi tão traumático como a redução do número de lojas e, conseqüentemente, do quadro de pessoal. Ao final dos trabalhos, num primeiro momento, o grupo ganhou uma estrutura formada por cinco unidades de negócios vinculadas às suas bandeiras comerciais – Pão de Açúcar, Pão de Açúcar Superlojas, Extra, Superbox e Eletro (Netz e Castanheira, 1995).

A evolução da sociedade contribuiu para que os seus aspectos determinantes fossem aplicados no modo de pensar dos administradores, adaptando as exigências sociais e culturais na estruturação de suas organizações e estabelecendo os sistemas mais sofisticados de controle, para que o seu poder capitalista estivesse assegurado pela reprodução deste mesmo capital.

Cultura organizacional

A cultura da empresa ou das organizações é constituída por valores específicos verificáveis mediante a análise de

> um conjunto de pressupostos básicos que um grupo inventou, descobriu ou desenvolveu ao aprender como lidar com os problemas de adaptação externa e integração interna e que funcionam bem o suficiente para ser considerados válidos e ensinados a novos membros como a forma correta de perceber, pensar e sentir, em relação a esses problemas. (Fleury, 1991, p. 4)

A cultura empresarial é definida com o tempo e deve ser pesquisada e estimulada para que o básico das empresas, a determinação de se manter vivas e atuantes, seja preservado.

Desde a privatização, em 1997, a ex-estatal Companhia Paulista de Força e Luz vem atravessando várias etapas de conscientização da nova cultura, que passou a prezar a informalidade, o dinamismo e a atitude proativa das pessoas. Nesse meio-tempo, os níveis hierárquicos se reduziram, o presidente e os diretores adotaram a política de portas abertas e a companhia começou a viver em um ritmo mais acelerado. Hoje, ela possui um programa de valorização da diversidade (Jacomino, 2004, p. 132).

Os valores específicos da cultura são intrínsecos a uma organização, que, entretanto, pode se valer de normas comuns a outras empresas, mas estas regulamentações são extrínsecas ou adaptadas ao ambiente externo, podendo contrariar os valores internos.

Na atualidade, muitas empresas adotam como política o respeito pelas diferenças e dão exemplo para que seus funcionários abandonem atitudes preconceituosas e muitas vezes antiquadas.

Preconceito é algo que não tem vez, por exemplo, na IBM, a maior empresa de tecnologia do país e uma das maiores do mundo. A companhia tem um cuidado todo especial em promover a diversidade em suas fileiras. Possui quatro comitês voltados para minorias: mulheres, negros, deficientes físicos e outro que engloba a comunidade GLS (homossexuais, bissexuais e transexuais). Cada um conta com um executivo da empresa como *sponsor* e um coordenador responsável pela pauta das reuniões (Silveira, 2004, p. 159).

O equilíbrio no relacionamento com as pessoas determina um ambiente propício para o exercício de relações públicas, isto é, a equivalência do interesse privado e do interesse de um público específico, os empregados de uma organização. Embora a preocupação maior dos dirigentes seja com a produção e a venda, ao profissional de relações públicas cabe, ao pesquisar ou estimular os valores da cultura organizacional, privilegiar o ser humano como o capital mais importante para a definição de um ótimo padrão administrativo, resultando no sucesso do empreendimento.

ATIVIDADES DA ORGANIZAÇÃO

Neste item a pesquisa institucional procura "saber a natureza e a espécie de atividades da organização" (Andrade, 1983, p. 97). A natureza compreende a investigação sobre o setor de atuação, tipo e atividades da empresa; a espécie de atividades examina os produtos e serviços por ela oferecidos, sua estrutura de preços, os pontos-de-venda e a promoção adotada para os bens comercializados.

Setor de atuação e atividades da empresa

A definição do setor no qual a empresa opera permite ao profissional de relações públicas verificar a composição de seus públicos. Além disso, as empresas surgem com uma finalidade específica e, assim, desenvolvem uma série de atividades diretamente relacionadas com o motivo principal de sua existência. Um produto específico pode exigir uma complementação, em termos de assistência técnica, reposição, garantia etc. Todos estes itens fazem parte do produto em si, diferenciando-o dos demais.

Este oferecimento pode ter dois sentidos: um deles consiste no esforço de conquistar e, sobretudo, manter a sua clientela, pelo fornecimento de alguns serviços extras, como o acompanhamento do produto vendido por longo tempo. O outro se refere ao ato da aquisição de um produto para a satisfação de uma necessidade do consumidor para que, de maneira mais racional, resolva os seus problemas.

Com o tempo, porém, a companhia pode vir a desenvolver outras atividades, correlacionadas, ou não, com sua vocação inicial. O crescimento e a diversificação podem efetivar-se, desde que sejam realizados com segurança e sem perder de vista a finalidade básica da empresa, sua missão, que colaborou para o sucesso inicial do empreendimento.

Tipo de empresa

Normalmente, as referências sobre uma empresa remetem a uma organização industrial, acreditando-se ser esta muito diferente das prestadoras de serviços, como se os problemas de gerenciamento, de pessoal, de vendas etc. fossem totalmente distintos, não guardando nenhuma relação básica.

A empresa industrial é operada por grande número de pessoas, dependente de vários tipos de equipamentos, e suas instalações são características. Já as prestadoras de serviços apresentam um quadro mais flexível, com o seu pessoal tendo atividades tanto interna como externamente, e o resultado de seu trabalho é diversificado, amoldando-se mais às características do usuário e fugindo à padronização.

Para que a empresa produtora de bens possa desenvolver com sucesso as suas atividades, caberá ao profissional de relações públicas colaborar para a identificação do tipo exato de negócios por ela implementados.

Espécie de atividades

Para colocar um produto ou serviço à disposição do consumidor é necessária uma estrutura específica, baseada na satisfação das necessidades do usuário. A empresa analisa as características de cada mercado-alvo e o tipo de demanda individual dos segmentos que serão atendidos. Com as informações e os dados coletados configura internamente as variáveis controladas, abandonando, de certo modo, as afirmativas genéricas e inconseqüentes que preconizam que "os mercados existem para ser servidos". Portanto, se a estratégia é servir a um mercado em particular, a decisão baseia-se tanto no seu potencial quanto na habilidade da organização em atender a ele.

Pela infinidade de produtos e serviços existentes, pareceria difícil haver pontos de contato que pudessem facilitar o trabalho de elaboração, distribuição e venda dos bens, pois a combinação de funções seria ilimitada, existindo tantas combinações quantos fossem os bens existentes. A análise dos pontos comuns demonstra que é possível a redução do número de variáveis a quatro linhas básicas: produto e serviço; preço; ponto-de-venda ou praça; e promoção. É o conhecido esquema dos "quatro pês", popularizado por McCarthy (1978).

Um *produto* é completamente diferente em relação a outro, apresentando características próprias, como embalagem, marca, tamanho, cor, aroma, aparência, serviços etc. Será oferecido mediante um *preço* específico, indicando-se as condições de crédito, de pagamento e de descontos. Prevêem-se a cobertura e o sortimento do mercado, analisando as localizações de estoques e um plano de transporte que favoreçam os canais utilizados para chegar até o *ponto-de-venda*, definido como *praça*. O consumidor será informado por diversos meios de *promoção* (propaganda, promoção de vendas, força de vendas, relações públicas de marketing e marketing direto).

Kotler (1998, p. 97) diz, então, que a análise das atividades da organização compreende o estudo e a estratégia para ter o *produto certo* (aquele com maior soma de satisfação e/ou benefícios aos olhos do consumidor), ao *preço certo* (aquele que o consumidor espera pagar), colocado no *ponto-de-venda certo* (aquele mais conveniente, mais favorável) com a *promoção certa* (aquela mensagem que atinge diretamente o consumidor), para chegar ao *consumidor certo* (aquele que tem ligação íntima com o produto certo).

Assim, por ser bastante amplo o universo de classificação das funções contidas em "produto certo", a empresa deve trabalhar para aumentar o "valor percebido" de seus itens de comercialização, identificando os aspectos que o usuário valoriza ou busca como mais válidos para atender aos seus desejos e às suas necessidades.

Se vendermos uma máquina de lavar, estaremos vendendo certo número de porcas e parafusos, chapas de metal, um motor elétrico e um agitador de plástico? Se vendermos um detergente para uso na máquina de lavar, estaremos vendendo diversas matérias-primas químicas? A resposta a essas perguntas é *não*. Na verdade, o que estamos realmente vendendo é a capacidade de proporcionar a satisfação, o uso ou, talvez, o lucro desejados pelo consumidor (McCarthy, 1978, p. 650).

Oferecer a "maior soma de satisfação e/ou benefícios" significa valorizar os esforços do consumidor, em termos tanto de seus deslocamentos físicos como dos dispêndios financeiros. Os fabricantes de computadores atualmente consideram justamente estes fatores, quando oferecem equipamentos de alta qualidade, com várias possibilidades de atender às necessidades dos consumidores, trazendo benefícios como a conexão a serviços *on-line*, a um preço cada vez menor.

Além disso, não podem existir diferenças significativas entre os artigos produzidos, que são geralmente mais uniformes, em suas características e na qualidade, e os serviços executados ou entregues, pois consumidores diferentes têm necessidades diversas e todos devem ser bem atendidos, definindo-se, deste modo, o "produto certo".

Atualmente, os consumidores estão em busca do "preço certo", entendendo que o seu dinheiro deve ter o maior retorno possível de satisfação pelo produto adquirido. A função preço vai, então, procurar estabelecer o menor valor necessário para garantir a maior satisfação, e neste esforço está o controle de custos. O correto atendimento das necessidades do consumidor gera economia, quando seus pedidos são convenientemente avaliados pela direção da empresa, baseando suas decisões em algum tipo de pesquisa.

Em "ponto-de-venda certo" vemos que, além da compra de uma utilidade, o consumidor quer ser bem atendido, quer receber as garantias normais dadas ao bem e a devida assistência técnica, bem como ter certeza de que levou para casa um utensílio de qualidade real e não somente a esperada em razão do conteúdo dos anúncios veiculados.

Não basta ter um produto bem elaborado. O item deve estar disponível em tempo hábil e levar consigo o referencial do fabricante ou o seu conceito, isto é, deve estar "no lugar, na hora e na quantidade certas". Cada vez mais as ligações da empresa com os seus produtos tornam-se um item de divulgação, pedindo o consumidor um volume razoável de informações para ter assegurado o pleno conhecimento da organização que produz o bem.

Em "promoção certa" são coligados todos os esforços de levar ao consumidor a "mensagem certa" sobre o produto ou serviço oferecido. Ao utilizar canais múltiplos, procura-se detectar aquelas pessoas que possam vir a ter interesse nos itens em comércio, conduzindo o bem mais importante nos dias de hoje, qual seja, a informação.

O contato mais direto e pessoal com o consumidor, especialmente com o emprego em grande volume da informática, passa a ser uma exigência, devendo novas formas de fornecimento de informações estar na prioridade das políticas promocionais das empresas voltadas aos seus consumidores.

Para comunicar efetivamente, as empresas contratam agências de propaganda que desenvolvem anúncios eficazes; especialistas em promoção de vendas que projetam programas de incentivo de vendas; empresas de relações públicas que desenvolvem a imagem corporativa. Elas treinam seus vendedores para que sejam amigáveis e capazes. Para a maioria das empresas, a questão não é comunicar, mas sim o que dizer, para quem e com que freqüência (Kotler, 1993, p. 650).

A exploração da potencialidade dos bens desenvolvidos pela organização como fonte de uma programação de relações públicas não constitui, evidentemente, uma atividade exclusiva de apoio ao marketing – embora a análise deste item deva ser realizada em conjunto, pelas duas áreas –, mas a verificação do vigor de um trabalho de divulgação ou informação aos demais públicos da empresa e não somente a seus consumidores.

Surge, com isto, uma nova disciplina: relações públicas de marketing, com a finalidade de congregar diferentes esforços para os mesmos objetivos.

A importância das técnicas de relações públicas para uso na área de marketing se verifica pelo declínio real de outras ferramentas promocionais. Os homens de marketing estão procurando ferramentas com uma relação custo–benefício mais favorável. Eventos relacionados a notícias, publicações, investimentos sociais, relações comunitárias, criativamente usados, constituem meios efetivos de distinguir empresas e seus produtos dos outros dos seus competidores (Hoffmann, 2004).

Nos tempos atuais e para o futuro, a conjugação das funções de relações públicas e de marketing tem se mostrado como uma eficaz possibilidade estratégica, havendo o aproveitamento das oportunidades de aumentar a participação no mercado e de consolidar o conceito público das organizações empresariais. Cada uma das áreas mantém os seus projetos e as tarefas específicas, mas age de modo sistêmico para atingir os objetivos da instituição, como o cumprimento da responsabilidade social, o bom êxito dos propósitos, a competitividade, a sobrevivência no mercado e a sua legitimidade como unidade produtiva (Fortes, 1999, p. 44).

Recursos humanos

O terceiro quesito da pesquisa institucional investiga, basicamente, a política de pessoal implementada pela empresa, avaliando cargos e funções existentes, recrutamento e seleção, recepção e acolhimento, treinamento, administração de salários e compensações, benefícios, incentivos, progressão, avaliação, ausências ao trabalho e estabilidade.

A análise de todos estes itens dará condições para identificar "qual é o pessoal que executa as atividades e se é qualificado e em quantidade suficiente para a exata atribuição de seus serviços" (Andrade, 1983, p. 97).

Política de pessoal

Os resultados da análise dos recursos humanos de uma organização permitem ao profissional de relações públicas: recomendar as políticas de relacionamento com os sindicatos de trabalhadores; estabelecer a política de pessoal, ouvindo os diversos setores da empresa; atualizar constantemente os procedimentos com o pessoal; organizar todas as atividades relativas ao pessoal; manter atualizados os dados sobre os empregados para a concretização de programas de promoção e fornecimento de dados aos setores interessados; e manter sistemas que possibilitem implementar a participação de todos nos mais diversos assuntos que afetem a organização.

Como explica Nassar (2004, p. 74), a política de pessoal de uma companhia mais atualizada procura

> estimular em seus empregados o senso de compromisso com o que ela faz e com o que ela projeta alcançar. E isso, para ele, só acontece com chefes que confiam em seu pessoal e que o valorizam, que sejam comunicativos e tenham como aptidão uma forte interação social.

Apesar de operacionalizadas e conduzidas por encarregados específicos (área de recursos humanos, por exemplo), estas tarefas devem ser desenvolvidas pela direção da empresa, constituindo uma política conhecida, principalmente, pelos níveis intermediários, pois são eles que têm um contato mais direto com os empregados e, se não estiverem envolvidos no processo, podem comprometer todo o esforço.

Cargos e funções

A análise de cargos deve conter os requisitos mentais e físicos, as responsabilidades envolvidas e as condições de trabalho para existir o perfil adequado quando da seleção, do treinamento e da promoção. Não existindo este tipo de análise na organização, parte-se da colaboração dos próprios empregados para a elaboração de uma definição dos cargos, levando em consideração as tarefas, as atribuições e as responsabilidades de cada função.

A cada mês, o presidente da Tigre, empresa líder em tubos e conexões, participa de um café da manhã informal com funcionários de alguma unidade. Além desse encontro, os gerentes promovem reuniões periódicas com suas equipes para discutir resultados da empresa. É o momento certo para tirar dúvidas sobre o trabalho, sugerir melhorias ou mesmo fazer alguma reclamação ou reivindicação. Quem não se sentir à vontade para expor o problema em público pode agendar uma reunião com o presidente ou fazer a denúncia por e-mail (Cunha, 2003, p. 62).

Enriquece-se a descrição de cargos e funções quando se envolvem os funcionários no dia-a-dia dos negócios.

Recrutamento e seleção

O recrutamento pode ser realizado interna – pela promoção e pelo aproveitamento do pessoal já existente na empresa – e externamente – pela análise de arquivos de fichas de candidatos, pela apresentação por parte de outros empregados, escolas, anúncios, sindicatos, órgãos públicos, internet, ou pelo uso combinado dos dois métodos.

Um grande indicador da preocupação da Fremax, fabricante de discos e tambores de freios automotivos, com seu pessoal é a Comissão de Recrutamento e Seleção, presente em quase todas as áreas. Os grupos são formados por cinco representantes de cada departamento, que participam ativamente dos processos de seleção, entrevistando os candidatos, e garantem, assim, o entrosamento e a produtividade futura (Mutirão da produtividade, 2005, p. 187).

A seleção pode ser realizada por avaliação de currículos, entrevistas, provas, testes e exames médicos. Somam-se a estes o exame psicotécnico para verificar as condições do candidato e um período de estágio ou experiência.

Recepção e acolhimento

A introdução do empregado no ambiente de trabalho poderá ser uma função específica de relações públicas desenvolvida de acordo com programações especiais.

O funcionário novo de uma empresa não pode ser "largado" em suas atividades, numa situação completamente estranha para ele. É preciso fazer sua "imersão" na organização, de modo que ele se adapte o mais depressa possível. A correta introdução do novo empregado consiste nessa ambientação inicial, infundindo nele confiança, para que a sua primeira impressão seja a melhor possível (Andrade, 2003, p. 107).

Envolvimento e dedicação são características marcantes da Chemtech, empresa de tecnologia para indústrias. Formada em grande parte por ex-estagiários que foram se desenvolvendo e ganhando oportunidades de carreira, os mais novos têm mentores para acompanhar sua evolução profissional. A empresa mantém um programa de integração com universidades e procura dar oportunidade de trabalho a estudantes. Incentiva o clima de integração entre os funcionários, que serve como parte da política de comunicação interna (Fuentes, 2004, p. 126).

Com um correto processo de recepção e acolhimento, o funcionário adapta-se mais rapidamente ao novo ambiente de tarefa, é mais bem-aceito pelos seus colegas e inicia o desenvolvimento mais produtivo das habilidades para as quais foi contratado.

Treinamento

No início do trabalho em uma empresa, mesmo com um sistema de recepção e acolhimento, o empregado pode não estar devidamente preparado para o exercício pleno de suas funções. Assim, o indivíduo apresenta os requisitos para o preenchimento do cargo, mas não domina os métodos específicos utilizados pela organização, exigindo um período de treinamento para superar esta desvantagem inicial.

Entretanto, processos de treinamento devem ser constantes. Avalia-se o valor de uma empresa ao se verificar o quanto despende em recursos com o treinamento de seus funcionários.

"Compete à área de recursos humanos mostrar ao profissional que ele é insubstituível, desde que esteja se preparando constantemente para não se tornar obsoleto. É necessário fazer uma reciclagem constante" (Giangrande e Figueiredo, 1997, p. 45). O treinamento das equipes merece destaque, por exemplo, na Promon, empresa de serviços de engenharia, que patrocina cursos de pós-graduação e MBA no Brasil e no exterior (Costa, 2004, p. 56).

Salários e compensação

Os salários não devem ser considerados unicamente como despesas, mas como investimentos para a valorização da mão-de-obra da organização. Para a sua fixação, devem ser levados em consideração fatores como política salarial, capacidade financeira e desempenho geral, situação do mercado de trabalho, momento econômico, alterações da legislação trabalhista e atuação sindical. "Os funcionários da Companhia Siderúrgica Belgo-Mineira chegam a receber dezessete salários anuais graças à política de participação nos lucros e outras premiações" (Borttoni, 2004, p. 62).

A função do profissional de relações públicas é esclarecer estas questões, possibilitando que o salário dos empregados de uma empresa seja digno, assegurando total condição de alcance aos bens disponíveis e à própria sobrevivência do homem como ser humano consciente de seu papel social.

Benefícios

Os encargos com benefícios são computados nas despesas de pessoal e a sua origem deve-se às falhas existentes no serviço governamental em atender os previdenciários, ampliando a sua aplicação para aumentar os rendimentos de determinados profissionais para mantê-los na empresa.

Existem os benefícios oficiais ou obrigatórios – férias remuneradas, abono de final de ano, aposentadoria – e os não-oficiais – empréstimos a baixo custo, carro, cartões de crédito etc. Normalmente, os mais sofisticados são destinados para os altos cargos, sendo oferecidos para o nível operacional benefícios ligados mais aos aspectos de sobrevivência, como as cestas básicas.

A análise dos benefícios deve levar em consideração que eles, encarados pelas empresas com ênfase para motivar os empregados, na verdade constituem iniciativas que visam evitar a insatisfação. Ao estabelecê-las, as organizações buscam o maior rendimento de seus empregados e, na realidade, esses programas impedem que as condições de conflito apareçam no ambiente funcional. "Na Promon, se o funcionário adoece e precisa se afastar do trabalho, continua recebendo o salário integral durante toda a licença médica (e não apenas nos quinze dias iniciais)" (Lacerda, 2005, p. 41).

Os fatores de satisfação estão intimamente ligados à possibilidade de participação no trabalho próprio e da organização, quando novas tarefas trazem um desafio a ser superado ou exigem o talento concentrado do indivíduo. O aumento de responsabilidade e de desafios também é fator de satisfação (Herzeberb, apud Chiavenato, 1979).

Incentivos

Ao abandonar os procedimentos normais para incentivar os empregados – a motivação por meio de salário, produtividade, desempenho, assiduidade, competição, dentre outros –, a empresa oferece uma oportunidade para o trabalho de relações públicas junto do público interno. Esse trabalho consiste em superar as dificuldades que impedem a criatividade de seu corpo operativo e aplicar o princípio da participação e o levantamento de controvérsias, possibilitando a ação conjugada, em um nível mais consciente de suas aspirações e dos resultados a serem obtidos com os seus esforços.

A Redecard, empresa que processa operações de crédito e débito, entende que a família é uma extensão do funcionário, um incentivo, e desenvolve programas de gestão levando isto em consideração. O programa "Vou trabalhar com você", que já faz parte do calendário oficial da empresa, propicia que os filhos de funcionários vejam de outro modo o trabalho de seus pais, tendo provocado mudanças no relacionamento familiar (Jacomino, 2003, p. 52).

Progressão

Existem dois tipos de progressão: a vertical, que prevê a elevação hierárquica do empregado; e a horizontal, quando o funcionário vai percebendo a elevação salarial em termos de seu desempenho. A progressão deve privilegiar os funcionários da empresa, partindo-se para a contratação externa somente quando os quadros internos não puderem suprir as vagas existentes.

A possibilidade de progressão não deve ficar restrita aos níveis mais altos do organograma, demonstrando a postura de progresso aos cargos inferiores, tanto pela competência específica como pelo desenvolvimento adquirido em outras áreas. Assim, a progressão deve levar em conta o tempo de serviço, o merecimento, as aptidões e a indicação de superiores.

No Magazine Luiza, o plano de carreira é conhecido por todos os funcionários, sabendo eles como progredir na empresa. "Dificilmente é trazida gente de fora para preencher uma vaga – mesmo ainda se for um cargo de liderança. Para ajudar o colaborador a crescer, a empresa banca uma parte considerável de cursos de especialização" (Dias, 2004, p. 50).

Avaliação

Partindo-se da autodefinição de cargos e funções e da possibilidade de participação dos empregados nas decisões da organização, a avaliação de desempenho deve ser a perfeita integração dos funcionários no processo de viabilização do empreendimento em novas bases, que levem em consideração o desenvolvimento individual com um resultado positivo para todos. As empresas têm estimulado o aparecimento de equipes que se autodirigem.

Equipes plenamente integradas à empresa caminharão sozinhas na busca dos objetivos para elas definidos. Não haverá necessidade da existência de um líder formal imposto pela direção. O líder será escolhido naturalmente pela equipe para ser o consultor e orientador das tarefas, assim como os membros não participativos da equipe serão naturalmente eliminados, excluídos (Giangrande e Figueiredo, 1997, p. 56).

Assim, os padrões de comportamento indicarão o engajamento do funcionário neste processo e se ele está na média ou acima dela. A equipe surgida desta nova mentalidade deve ser examinada para que se evitem problemas de supervisão de pessoal, de integração do empregado à empresa ou ao cargo, de aproveitamento de funcionários em cargos inadequados ao seu potencial, de motivação etc.

Ausências ao trabalho

O absenteísmo é a soma dos períodos em que os empregados da empresa se encontram ausentes, desde que a ausência não seja motivada por doença prolongada ou licença legal e excluindo-se os períodos de férias, os acidentes de trabalho, as dificuldades temporárias da empresa, as férias coletivas e outros motivos gerados pela própria organização.

A simples ausência pode ter vários motivos, entre os quais as razões particulares. Mas a falta pode ser decorrente de uma supervisão deficiente, da indefinição ou perda das características da tarefa, das condições do local de trabalho, da inexistência de programas de incentivo e estímulo à contribuição individual, assim como de integração social e funcional entre os empregados, e da falta de reconhecimento de uma liderança empresarial eficiente.

Estabilidade

A movimentação de pessoal, em qualquer tipo de empresa, deve ser a menor possível, principalmente quando são verificados os custos de treinamento. As demissões na Zanzini Móveis, por exemplo, são raríssimas. "Antes de mandar qualquer funcionário embora, a empresa cria um plano de ações para tentar suprir as deficiências apresentadas. Caso não funcione, tenta transferir o colaborador para outra área e somente em último caso opta pela dispensa" (Mendes, 2005, p. 49).

A pesquisa institucional investiga o nível de rotatividade de pessoal e as possíveis causas de saída, comparando estes dados com o tempo de permanência dos outros empregados da organização, levando em consideração o fato e a realidade dos que saem e os motivos de permanência dos demais. Neste caso, será feito um trabalho de verificação da empresa, em razão do valor percebido pelos seus maiores interessados e dependentes de seu sucesso, ou seja, os seus empregados, constituindo um autêntico trabalho de relações públicas, quando se busca a conciliação de interesses legítimos.

Adaptação humana

Ao profissional de relações públicas cabe examinar a organização como geradora de um processo produtivo global, pois nenhuma técnica administrativa ou de comunicação interna pode ignorar a forma integrada de dirigir todos os subsistemas de uma empresa. Nas empresas modernas e atentas às modificações da sociedade,

> a administração da comunicação para os recursos humanos – diante dos desafios da reestruturação produtiva, da diversidade organizacional e de temas como assédio sexual, discriminação etária, responsabilidade social e ambiental – está a anos-luz da comunicação como sinônimo de jornal, revista, vídeo e mural. (Nassar, 2004, p. 75)

Aliando a finalidade social da organização com os seus pressupostos de lucro, as relações públicas criarão a base para o estabelecimento de corretas relações com os grupos de interesse, formando a opinião de públicos específicos, pelo respeito de seus desejos e de suas necessidades.

MÉTODOS E PROCESSOS DE TRABALHO

O quarto quesito da pesquisa institucional determina "quais os processos de trabalho, bem como o aparelhamento da organização" (Andrade, 1983, p. 97). Este ponto do levantamento das condições internas identifica, como processos de trabalho, os métodos administrativos, a comunicação administrativa, os processos de produção que abrangem a política de qualidade, os recursos e as condições de trabalho existentes. Examina também as conseqüências ambientais resultantes do trabalho realizado.

A proposta básica para este item é a substituição daquilo que é normalmente aceito para as empresas, em detrimento de seus empregados, quando a mecanização das tarefas deverá ser substituída pela observância de padrões mais compatíveis com o ser humano.

Métodos administrativos

A substituição dos processos arcaicos de produção e de administração é uma exigência dos tempos. Hoje em dia, diante da evolução da tecnologia industrial e comercial, do amplo crescimento dos mercados para produtos e serviços e da necessidade de desenvolvimento integral dos recursos de todas as nações, a boa organização converteu-se no ingrediente decisivo para o êxito da direção no governo, nos serviços sociais, no comércio e na indústria (Baccaro, 1986, p. 17).

Várias funções são executadas para apoiar administrativamente todos os setores funcionais de uma organização. A Landi+Gyr, fábrica de medidores de energia, estabeleceu um *self-service* em seus almoxarifados, dos quais cada um retira livremente o objeto de que precisa. Com isto

> a empresa quis demonstrar confiança na equipe (e com isso aumentou a motivação geral), desburocratizou o cotidiano e ainda por cima economizou dinheiro, já que deixou de ser necessária a permanência de um funcionário específico para controlar a saída do material. (Oliveira, 2004, p. 48)

Embora, para efeitos de análise, essas atividades sejam examinadas separadamente, as funções de caráter complementar podem ser consideradas em conjunto, tanto para os trabalhos burocráticos como para as tarefas de produção de bens.

Comunicação administrativa

A melhoria dos padrões organizacionais afeta as relações de poder existentes em uma empresa que inicia o seu processo de crescimento, e o desejo de modificar determinadas situações pode não ter resultados. Para que isso seja facilitado, um dos instrumentos utilizados é a comunicação administrativa, incumbida de ampliar o contato pessoal que se torna insuficiente para suprir a informação na estruturação de uma empresa em crescimento.

A comunicação administrativa trata dos fluxos de informações que percorrem a organização, equilibrando o ambiente interno e externo onde se implanta, por permitir a cada funcionário que seja convenientemente instruído quanto às atividades da empresa e saiba situar-se no seu interior. Informado, ele se comunica e relata espontaneamente os dilemas surgidos e os acontecimentos que dizem respeito aos seus companheiros. A comunicação administrativa é caracterizada pelo uso dos veículos normais, incluindo ordens ou instruções de serviço e de trabalho; relatos de resultados e desempenho, finalidade e estrutura da organização; objetivos, políticas e práticas; e relações econômicas e políticas (Thayer, 1972).

Na área da comunicação administrativa está em franco progresso a implementação de redes corporativas internas denominadas intranets, que praticam os mesmos fundamentos e a tecnologia da internet. Elas induzem a uma instantânea redução de formulários, de materiais impressos e dos custos de impressão; é possível empreender buscas de informações em volumes superiores às que estariam dispersas em inúmeros bancos de dados, planilhas ou registradas em papel e que envolveriam outras pessoas na pesquisa. Ao adicionar imagens, áudio e vídeo, em interação multimidiática, essas redes internas transformam-se em autênticos "portais corporativos".

Embora toda a comunicação via computador e redes mundiais de informação tenha sido produzida pelo homem, ela será ainda mais impessoal que os processos convencionais de comunicação. Sai de cena o olho no olho durante uma conversa; os usuários das redes mundiais passam horas, dias, semanas, meses e anos inteiros comunicando-se sem sequer saber a cor dos olhos de seus interlocutores (Figueiredo, 1999, p. 132).

As intranets elevam a compreensão e a qualidade dos informes, dando maior autonomia aos operadores do sistema, facilitando a comunicação e o atendimento ao público interno.

Produção

Com a evolução do processo de produção, que na era pré-industrial era ligado ao artesão, surge a linha de montagem, na qual cada função dá a sua parcela de contribuição ao produto final, conforme a sua habilidade, e o emprego de capital em equipamentos e máquinas faz que haja maior investimento para a economia de escala a ser empregada na produção.

Porém, é em termos de produção que persistem velhas idéias que não condizem com os novos tempos. Existe o grupo daqueles manda-chuvas que ainda acreditam que produtividade é uma questão absolutamente ligada aos processos internos de trabalho de cada organização. Para esse grupo, relacionamento e comunicação são fatores estranhos aos tempos e movimentos necessários à geração de produtos e insumos. Seus pátios, tanques e depósitos abarrotados de produtos são a prova de que informação e diálogo são a mais pura expressão de perda de tempo e dinheiro (Nassar, 2004, p. 82).

Ao profissional de relações públicas cabe a análise dos procedimentos de produção, visando saber se estão de acordo com aquilo que se espera para atingir os objetivos previamente estabelecidos, atendendo às exigências da empresa e de seus clientes. A administração da produção deve ainda prever a adequabilidade do homem à máquina, a fim de que o esforço produtivo não venha a reduzir o ser humano a mais um equipamento à disposição do capital.

Qualidade

A produção de qualquer objeto ou a prestação de serviços envolve cuidadosas medidas de controle de qualidade, que é exercido tanto pelo fabricante e pelo revendedor como pelos usuários, mas depende fundamentalmente do funcionário da organização.

Na Albras, uma indústria de alumínio, como em todo bom sistema democrático, os funcionários participam ativamente das decisões que interferem no seu trabalho. Quando têm alguma sugestão de melhoria, se reúnem em grupos de controle de qualidade, estudam o problema e apresentam a solução. No ano passado, cerca de novecentos funcionários, de um total de 1.360, participaram de pelo menos um desses grupos. Cem por cento das idéias foram implementadas (Albras, 1999, p. 58).

O acompanhamento do controle de qualidade, por parte do profissional de relações públicas, reveste-se de muita relevância, uma vez que o conceito público da empresa será afetado se esta for conhecida como produtora ou prestadora de bens de qualidade duvidosa e estiver descumprindo a sua finalidade básica, que é retribuir no mesmo nível o pagamento que foi realizado, em razão do sistema de trocas.

Recursos e condições de trabalho

O aparelhamento da organização pode ser controlado no longo prazo, pois a situação estrutural interna não é alterada repentinamente, devendo as relações públicas aproveitar a estrutura existente e tentar corrigir os seus defeitos.

As condições de trabalho do público interno devem vir atreladas ao aumento de segurança e bem-estar de quem opera equipamentos.

Os fatores a ser considerados são: circulação de ar, levando em conta as condições ambientais externas; temperatura, que para determinados tipos de equipamento será constante, devendo o empregado também estar convenientemente trajado para operá-los. Umidade, ventilação, poeiras, odores, fumaça, má iluminação são outros fatores que podem constar do item manutenção, acompanhado por um programa de relações públicas.

Poluição ambiental

Hoje praticamente se eliminou a possibilidade de o homem adaptar o meio às suas exigências. Cada vez mais ele se afasta do ambiente natural, diante da irreversibilidade dos progressos da tecnologia. As iniciativas voltadas ao aumento do conforto individual trazem consigo problemas ambientais, como a poluição, gerada justamente com a melhoria das condições de trabalho.

Praticamente, para cada tipo de atividade industrial existe um tipo de poluição específica, devendo a poluição causada pelos processos de produção ser analisada com especial cuidado. Embora, pela sua variedade, os problemas da poluição ainda não tenham sido totalmente identificados, já se conhecem vários de seus efeitos nefastos sobre a saúde humana.

O lixo industrial freqüentemente contém sais inorgânicos ou metálicos, compostos orgânicos sintéticos e outros materiais que podem ser tóxicos, corrosivos, de mau odor, mau sabor e outros efeitos indesejáveis. O despejo das águas que servem as indústrias nos rios cria problemas para certas companhias, que precisam gastar muito dinheiro para purificá-las e depois utilizá-las, além do prejuízo para o meio ambiente.

A análise institucional deve constatar a existência de agentes poluidores internos e externos e adotar medidas para superar estas condições desfavoráveis, tanto para a comunidade interna quanto para a externa.

A Sarna Mineração de Amianto, que lida com um mineral considerado cancerígeno, se cercou de cuidados. O filtro que ela instalou no local é o maior da América Latina em processo e em extensão. Todas as 96 estações de trabalho apresentam um índice de dispersão inferior a 0,3 fibra por centímetro cúbico (o máximo permitido por lei é 0,5 fibra por centímetro cúbico) (Rocha, 2003, p. 149).

Freqüentemente o profissional de relacionamento é chamado depois de surgirem ações contra a empresa. As relações públicas devem agir como um sistema de advertência, observando as tendências e acompanhando as opiniões dos públicos, sempre que atividades, produtos e serviços de uma organização tenham qualquer impacto ambiental (Simon, 1980, p. 42).

INSTALAÇÕES FÍSICAS DA EMPRESA

A quinta questão a ser levantada pela pesquisa institucional coleta dados sobre as formas de acesso ao local de trabalho e os meios de transporte disponíveis para os empregados (Andrade, 1983, p. 97), além de examinar as instalações gerais da empresa e o seu leiaute.

Acesso e transporte

Os estudos do local de trabalho verificam as facilidades de acesso por parte da maioria dos empregados, as características do transporte coletivo de que se servem e a freqüência com que se valem dele, além de outros veículos e mesmo da utilização cooperativa dos meios de transporte.

Os resultados servem para o cruzamento de dados com as causas de atrasos constantes, constatando se são conseqüência de problemas com transporte ou de falta de interesse por parte dos empregados. O estímulo ao transporte solidário, além de colaborar com a economia individual, pode servir como regra de convivência entre os funcionários.

Instalações e locais de trabalho

O local de trabalho é estudado em termos de fluxos nos horários de maior movimentação, instalações em geral, tais como restaurantes, refeitórios, vestiários, creches, locais de lazer e descanso, auditório e outras áreas da organização. Na sede da Natura, produtora de cosméticos,

> a fábrica foi construída para dar aos funcionários um ambiente que proporcionasse também lazer e aprendizado. Tudo foi concebido com muita harmonia e refletindo os valores da Natura (humanismo, criatividade, equilíbrio e transparência). (Cunha, 2003, p. 64)

Há empresas que desconhecem, por completo, vários programas governamentais que proporcionam facilidades fiscais para a instalação de creches, refeitórios etc., além de não ter horários especiais para estudantes e ignorar a relevância de atividades próprias para os empregados nos horários de intervalo.

Desde que teve início a construção da unidade de Rio Verde (GO), em 1997, a Perdigão, fabricante de industrializados e congelados de carne, criou um programa com o objetivo de dotar a cidade da infra-estrutura necessária à demanda criada por ela. O município ganhou uma unidade do Corpo de Bombeiros e nove postos integrados de saúde e segurança, voltados para o atendimento da população (Vasconcelos, 2004, p. 49).

A análise deste item pode determinar uma série de melhorias para o público interno, com reflexos sobre outros públicos.

Leiaute da empresa

Dizem respeito ao leiaute os fatores de ambiência, iluminação, temperatura, cores, ruídos e ventilação. Nassar (2004, p. 98) aponta que "os ambientes de trabalho da pós-modernidade, que consideram os processos de relacionamento e de comunicação, são fábricas e escritórios constituídos de maneira a se integrarem à paisagem".

Na Randon, fabricante de carroçarias de veículos, os funcionários percebem no dia-a-dia o esforço da empresa em melhorar o que já é muito bom. Um exemplo foi a reforma no restaurante corporativo: a ampliação da área fez a capacidade dobrar. As mesas compridas, no estilo de refeitório, deram lugar a mesas para quatro pessoas, mais acolhedoras (Oliveira, 2005, p. 47).

A conjunção destes componentes determina aparência e conforto; economia de operações, facilitando o fluxo de pessoas e materiais; maximização das áreas disponíveis e planejamento de ampliações; economia nas instalações destinadas à produção; controle de qualidade pelo acompanhamento das operações; e facilidades para eventuais modificações, sem parar a produção ou a administração.

PLANEJAMENTO ESTRATÉGICO

A última questão básica da pesquisa institucional prevê a época e o tempo de duração dos serviços e verifica se foram fixados tendo em vista o interesse dos públicos (Andrade, 1983, p. 97).

Para que o interesse dos públicos seja respeitado, vindo a condicionar as decisões internas de uma organização, é necessário o estabelecimento de um processo de planejamento que constitua o centro de capacidade desenvolvida pelas empresas para se adaptarem aos movimentos do meio ambiente.

Esta adaptabilidade não é simplesmente uma resposta passiva para as forças internas e externas, provenientes dos públicos, mas uma viva, criativa e a mais decisiva procura pelas condições que podem assegurar um nicho lucrativo para os negócios da empresa.

Planejamento global

Num processo apropriado de planejamento devem estar as respostas adequadas para as questões de manufatura, distribuição, venda, pesquisa e desenvolvimento, engenharia, pessoal, finanças e todas as outras funções da empresa, que devem adaptar-se para fazer frente às novas condições dos cenários econômicos que se apresentam e alcançar um excelente aumento da performance de cada uma das funções.

O planejamento estratégico também passa a adicionar novos valores aos seus quadros de referência.

O vocabulário nas salas de planejamento estratégico das empresas já não se restringe ao velho e conhecido *mix* de marketing e suas construções ligadas a produtos, preços, ações publicitárias e distribuição. Os comandantes empresariais manejam também conceitos finos de comunicação organizacional, seus ritos, rituais, mitos e história de suas organizações (Nassar, 2004, p. 91).

Deste modo, o planejamento consiste na combinação de fatores, em termos de premissas, para a previsão de resultados e para a adoção de medidas de correção, quando chega o tempo da opção para alcançar os objetivos pretendidos. O tempo condiciona o momento da decisão, não podendo ser antecipado, porque os públicos ainda não estariam preparados e informados adequadamente, nem postergado, gerando descontentamentos e opiniões desfavoráveis dos públicos.

O somatório da época, do tempo e do interesse público resulta do planejamento estratégico, constituído por "um processo gerencial que possibilita ao executivo estabelecer o rumo a ser seguido pela empresa, com vistas a obter um nível de otimização na relação da empresa com o seu ambiente" (Oliveira, 1998, p. 32). Provavelmente, a maior tarefa desse relacionamento seja o envolvimento da administração na mentalidade de planejamento estratégico.

Objetivos e metas

Tendo como resultado os estudos da missão da empresa, a definição de objetivos e metas prevê como chegar à situação que se deseja.

Uma empresa em si não pode ter objetivos, pois é uma pessoa jurídica, uma entidade sem vontade própria; o que normalmente se chama de objetivos de uma empresa é simplesmente uma média ponderada em relação ao poder dos objetivos das pessoas que a dirigem. Naturalmente, quanto maior o poder relativo de um indivíduo, mais ele influencia os objetivos da empresa (Oliveira, 1998, p. 121).

Os funcionários da Móveis Gazin, rede paranaense de lojas, são profissionais muito bem informados. A razão disso é a transparência com que a empresa trabalha. Cartazes com as metas do ano estão espalhados em todo lugar, para que ninguém esqueça qual é o objetivo previsto de faturamento; o prêmio é uma viagem em grupo, que chega a reunir cerca de cem funcionários. Para os demais funcionários, alcançar a meta significa ter direito à democrática participação nos lucros da empresa (Oliveira, 2004, p. 152).

Este mesmo raciocínio pode ser extensível à influência dos públicos no processo estratégico das organizações, desde que possam ser ouvidos os seus interesses no tempo certo.

Ambiente externo

A análise interna é completada quando se verifica o ambiente externo em termos de oportunidades e ameaças, constatando-se as melhores maneiras de usufruir ou evitar essas situações.

Nenhuma organização trabalha no vácuo. Suas ações são afetadas pelas sociedades politicamente organizadas, que interferem na ordem econômica, e também pela maneira de viver dos cidadãos, estando estas variáveis completamente fora de controle da organização, tendo a sua origem muito anterior à existência desta, como valores, tradições, credos e classes sociais.

Uma estratégia bem planejada pode fracassar se, por exemplo, o país sofrer uma rápida queda de suas atividades econômicas e, à medida que a renda dos consumidores diminui, as pessoas são obrigadas a modificar seus padrões de gastos, chegando a eliminar completamente alguns tipos de despesa.

O ambiente externo contém o mercado de consumo dos bens elaborados pela empresa. O estudo deste baseia-se em informações advindas dele próprio, dos produtos ou serviços da empresa, da sua segmentação e dos sistemas de informação utilizados, incluindo a pesquisa de mercado e, principalmente, do consumidor. Busca-se, então, caracterizar um grupo específico e saber se os produtos e serviços foram fixados tendo em vista o seu interesse.

Especialmente no Brasil, o consumo de bens concentra-se nas classes de poder aquisitivo superior. Pratica-se uma política de produtos e serviços mais sofisticados, com menor volume unitário vendido, mas com maior valor agregado e rentabilidade, restando às faixas populares os produtos ligados à subsistência. Essa contingência somente será alterada quando houver a distribuição eqüitativa de renda que favoreça as classes intermediárias, acarretando, da mesma forma, benefícios a determinados segmentos empresariais que atenderão uma faixa média de consumidores.

Diante do ambiente em que se inserem, as unidades produtivas privadas serão consideradas legítimas somente quando obtiverem aceitação externa para suas decisões internas, manifestada por uma opinião pública favorável, que decorre das atividades de relacionamento estabelecidas para criar um conceito voltado a ancorar as suas atividades mercadológicas.

Sem esta base institucional, elas terão problemas intransponíveis, pois, nos dias correntes, mesmo os produtos precisam estar acreditados entre a opinião pública. Consolidar esta base constitui, portanto, o campo privilegiado das ações de relações públicas em apoio ao marketing das organizações interessadas em bem atender aos seus consumidores.

O consumidor

O foco das atividades de organizações com fins lucrativos é o consumidor e tudo que elas realizarem será pensando na reação deste. Deve ser abandonada a visão de que se têm criado necessidades que o consumidor poderia dispensar, pois o que tem sido feito é dar novas soluções, novas maneiras de satisfazer as suas necessidades básicas.

Os diversos segmentos compreendem, basicamente, os hábitos de compra e consumo dos produtos e serviços, considerando aspectos psicológicos, estilo de vida, uso e benefícios, cabendo à empresa fornecer todas as informações requisitadas e sensibilizar os usuários quanto a preço, pontos-de-venda e ofertas promocionais.

Existe para o consumidor típico uma noção de hierarquia de atitudes intervenientes que servem como variáveis no ato da compra ou no momento do processo de troca. Em princípio deve ser encontrado o conjunto de metas que ele procura alcançar, cada qual com diferentes níveis de satisfação em que o produto é consumido ou o serviço é utilizado.

Modernamente, as empresas estão em contato com um consumidor que seleciona, exige, é politizado e racional, disposto a abrir mão de futilidades, adotando outros valores condizentes com as fases de estabilidade econômica. Nota-se claramente que o consumidor não retrocederá, consciente que está de sua força. Assim como as organizações, que aproveitam as crises para promover reestruturações, não permitindo a volta à situação anterior quando cessa a emergência, as pessoas tendem a proceder com equilíbrio, pedindo tratamento individual e pessoal. Desta maneira, as empresas precisam entender que consumidores são públicos e como tais devem ser tratados (Fortes, 1999, p. 38).

O conhecimento dos desejos e impulsos humanos e as emoções que desencadeiam as necessidades biológicas determinam os fatores dinâmicos de conduta. Assim, a atividade humana tem as necessidades como força remota e, como motivo atual, imediato, os desejos. Fica reservada ao consumidor a tarefa de separar o que é realmente útil do supérfluo e não se deixar massificar por um apelo, apoiado por programações de relações públicas direcionadas no esforço de transformá-los em autênticos públicos.

Estratégias empresariais

O levantamento das estratégias presentes e a possibilidade de implantação de futuras estratégias definem a administração estratégica, que, atualmente, representa a mais avançada forma de pensamento do ato de conduzir um empreendimento. Este estilo não somente amplia a visão dos dirigentes para todas as unidades operacionais e funcionais, mas também encampa todos os sistemas administrativos, considerando a posição central a ser desenvolvida pelos indivíduos e grupos em uma organização, resultando em cultura.

Admitido esse conceito, é preciso que ele permeie toda a organização, não se restringindo à alta administração. Decorre daí a possibilidade de o trabalho de relações públicas levar uma organização a pautar-se por uma dimensão mais metodológica, para a congruência de todos os processos administrativos, de acordo com o processo maior, que é o de relações públicas.

Para um profissional de relações públicas poder atuar positivamente nas estratégias da empresa, é preciso que ele tenha a percepção do todo, enxergando o negócio com a visão do proprietário e, mais ainda, habituando-se a fazer exercícios de possíveis cenários para um ano, dois, cinco, trinta anos. Reagir às crises é interessante, mas não basta. O relações-públicas precisa contribuir estrategicamente para os resultados operacionais e financeiros da organização, sem o que será superado por qualquer outro profissional de outra área.

O resultado esperado é a consolidação das diversas visões estratégicas comuns a todos os membros da organização, sustentadas pelo amplo uso compartilhado de valores e crenças, criando a mais alta qualidade de suporte cultural.

Responsabilidade social

A tese da responsabilidade social é tão importante que deveria estar registrada na missão corporativa. Ao analisar o ramo de negócios, a empresa procura mercados e nichos, patrocina uma abertura ao ambiente externo, vindo a apoiar, então, os setores que têm necessidade de receber algum tipo de monitoramento para prosseguir nas suas atividades sociais.

Contudo, não é somente ter interesse por aquilo que está fora da organização. As políticas de responsabilidade social externa são uma excelente oportunidade de alterar as estruturas internas não afinadas com os tempos modernos, mesmo que estas "estruturas" sejam os próprios dirigentes das instituições (Fortes, 1999, p. 162).

Ao canalizar recursos humanos e materiais para apoiar a comunidade na obtenção daquilo que esta mais necessita e no aprimoramento dos equipamentos públicos existentes, a organização promove a aproximação entre seus empregados e a comunidade externa, por meio de atividades cujos resultados são positivos a ambos os grupos (Fortes, 2003, p. 341).

As empresas aderiram em bloco à "responsabilidade social", algumas de olho no retorno financeiro do marketing social. A sociedade não ignorou os abusos e, com muita propriedade, cobrou resultados. A mídia passou a denunciar as atuações duvidosas (Naves, 2005, p. 34).

Casos de bons programas de responsabilidade social não faltam. O laboratório Organon, por exemplo, emprega pessoas com deficiência mental na embalagem de remédios. No princípio havia muitas dificuldades, mas agora elas já estão perfeitamente adaptadas e a comunicação flui mais naturalmente.

Nos outros setores também há surdos e mudos trabalhando com os mesmos direitos e benefícios pagos a todos. A parceria com a Associação de Pais e Amigos de Excepcionais (Apae) não é o único projeto de responsabilidade social que provoca o orgulho de todos os funcionários da Organon (Gomes, 2003, p. 70).

A empresa-cidadã começa a tornar-se socialmente responsável quando também estimula em seus próprios funcionários o exercício do voluntariado. Porém, mais do que incentivar, a organização precisa dar condições amplas para que isto ocorra.

A DHL Worldwide Express, empresa de serviços, adaptou um furgão e cede diariamente um motorista e dois voluntários que percorrem restaurantes e empresas para coleta de alimentos, distribuídos a pessoas carentes. O projeto despertou nos funcionários motivação para participar de trabalhos voluntários e da busca de soluções para os problemas da coletividade (Voluntariado, 2001, p. 167).

São pequenos exemplos nos quais fica muito claro que se exige a colaboração da empresa para que os casos de voluntariado aconteçam e tenham repercussão no ambiente de trabalho.

ATIVIDADES DE RELAÇÕES PÚBLICAS

Para completar o levantamento das condições internas de uma empresa, é preciso conhecer o que é realizado em termos de relações públicas.

As organizações devem satisfações de seus atos e precisam comunicar-se, levando e recebendo informações para continuar operando. Já não é suficiente possuir um prédio bem localizado, uma equipe ativa de empregados, um produto viável no mercado, um grupo de investidores interessados e um consumidor fiel.

Estas condições somente serão mantidas se as pessoas ou os grupos organizados forem efetivamente transformados em autênticos públicos, dispostos a discutir os problemas, os sucessos e os fracassos de uma organização para chegar ao entendimento e à conseqüente ação conjugada.

Estrutura e posicionamento

A investigação tem início com o levantamento de dados gerais que permitem avaliar a extensão da atuação profissional em termos funcionais e da organização do trabalho de relações públicas, para que as medidas adotadas possam atingir os resultados pretendidos. As questões do levantamento devem ser um roteiro para apontar sugestões de atuação profissional e de oportunidades para interferir positivamente na transformação de uma organização empresarial.

As oportunidades para os profissionais de relações públicas estão sendo ampliadas, tendo em vista os movimentos de globalização dos mercados, as privatizações, as fusões de empresas nacionais e a entrada de grupos internacionais. Todas essas organizações terão, cada vez mais, a responsabilidade de bem informar e relacionar-se com os seus públicos de interesse e com os seus consumidores, pois estarão sendo fiscalizadas pelo mercado, que é rigoroso com aquelas empresas que não atendem corretamente a seus desejos e suas necessidades.

Os profissionais de relações públicas podem atuar em qualquer tipo de organização, pública ou privada, com ou sem fins lucrativos, nacionais ou globalizadas. Dedicam-se à análise de tendências, à regulação dos fluxos internos e externos de comunicação, bem como à realização de diagnósticos internos e pesquisas externas que procuram identificar totalmente a organização com os interesses de seus públicos, para que ela não seja surpreendida pelas turbulências ambientais que surgem em número cada vez maior.

A tendência mais perceptível do momento é o desaparecimento do emprego. A idéia antiga de "procurar" uma colocação em empresas para exercer relações públicas está sendo paulatinamente substituída pela procura de trabalho nesta mesma área. Com isso, são também comuns a criação de assessorias externas e a terceirização dos serviços de relações públicas e de comunicação, variando a remuneração de acordo com o tipo de serviço a ser prestado.

A competência tem de ser maior, o profissional deve preparar-se melhor, além de estender os seus conhecimentos para outras áreas, como marketing, administração, sociologia, psicologia, tudo com o fim de estabelecer sólidos relacionamentos da empresa com os seus públicos. É preciso legitimar a empresa como um organismo social, assegurando sua permanência no mercado e sua lucratividade.

Nesses casos, é necessário ter "espírito empreendedor", para que os profissionais não percam oportunidades de atuação. Além disso, cabe a eles manter-se atualizados, ter conhecimentos teóricos e cultura geral sólida e eclética para saber comparar os diferentes cenários que se apresentam no dia-a-dia de sua atividade.

Relações com os públicos

O relacionamento de uma empresa pode abranger diversos grupos. Porém, mesmo que alguns deles não estejam nas prioridades de uma organização específica, a avaliação das atividades desenvolvidas pode ser um guia para seus públicos de maior interesse.

Na empresa, os relacionamentos são cada vez mais complexos, as exigências são muitas e envolvem uma constelação de pessoas no ambiente interno, na sociedade e no mercado. Por isso, a comunicação transformou-se em um diferencial gerencial e de gestão da imagem perante a concorrência, vital para o sucesso e a sobrevivência do negócio (Nassar, 2004, p. 25).

A simples existência de grupos determina o interesse do profissional de relações públicas em ampliar o seu trabalho, pelo fato de os grupos estarem em constante mutação. Novos interesses podem surgir, devendo a organização estar preparada para um atendimento até então não estabelecido.

Para estimular cada vez mais o envolvimento de todos os funcionários com o negócio, a Marcopolo, fabricante de carroçarias de ônibus, tem um cuidado especial com a comunicação interna.

Se alguém não estiver satisfeito ou se sentir injustiçado, pode usar o *Canal livre*, um programa criado para a pessoa entrar em contato com a alta direção sem se identificar. A reclamação pode ser feita por telefone, pela intranet ou ainda por mensagens colocadas em caixas de sugestões. O interessado também pode agendar uma entrevista com o profissional responsável e apresentar sua queixa sem medo de represálias (Silveira, 2003, p. 53).

As questões apresentadas procuram detectar o tipo de atendimento prestado aos diversos grupos ligados, direta ou indiretamente, à organização.

Controle e avaliação das atividades

Apesar de negligenciados e de não terem uma forma definitiva, o controle e a avaliação das atividades de relações públicas devem ser uma constante no trabalho desta área e estar presentes durante o transcorrer de todas as programações. Na Natura, um dos focos de transparência da empresa é o programa de satisfação dos funcionários. Por intermédio de representantes eleitos, eles são acompanhados para aferir a receptividade e assimilação dos planos da empresa em relação aos colaboradores; além disso, todos os resultados estão disponíveis na intranet (Cunha, 2003, p. 64).

Quanto à internet, com relação à qual ninguém tem dúvida de sua importância e da necessidade de a empresa ter a sua página eletrônica e fazer-se presente na comunicação virtual, ela, na realidade, ainda é deficiente no que se refere à interatividade e à formação de públicos.

Realizamos uma pesquisa (Fortes et al., 2003) tomando como universo as organizações listadas na edição "Melhores e maiores" de 2001/2002, da revista *Exame*, contatadas por meio virtual, pelos seus *sites* na internet. Comprovou-se que elas possuem uma preocupação em comum quando usam o meio virtual: divulgar as atividades de responsabilidade social por meio de seu *site*, disponibilizando dados e ações dos projetos aplicados na comunidade. Notou-se também que, com essa "onda" de solidariedade, muitas organizações estão confundindo a prática de responsabilidade social com marketing social. Alguns *sites* têm a preocupação de fornecer o número dos telefones das instituições parceiras nos projetos caso o interessado pela causa queira fazer algum contato.

Porém, essa mesma preocupação as empresas não têm quanto a se relacionar com os outros públicos direta e indiretamente ligados a elas. Por exemplo, raramente elas mantêm uma comunicação direcionada aos poderes executivo, legislativo e judiciário. Os investidores ou acionistas contam apenas com informações relativas ao valor das ações e ao câmbio e recebem relatórios semanais ou mensais da situação financeira da organização. Poucos *sites* disponibilizam *links* para que os acionistas solucionem as suas dúvidas.

Os funcionários, considerados pelas relações públicas como um dos públicos mais importantes, quase não são citados e tampouco existem canais de comunicação com eles pela internet, a não ser que exista um sistema de intranet, mas as páginas pesquisadas não mencionavam nada a esse respeito.

Considerando-se que os consumidores são o grupo de maior representatividade para uma organização, surpreende o fato de estes quase não receberem dos *sites* das empresas as informações de que necessitam. Comprovou-se este fato pela inexistência de interatividade das empresas com os clientes, para os quais apenas disponibilizam um número de telefone 0800 e um formulário de cadastro para quem tem alguma dúvida ou sugestão a apresentar.

Entretanto, empresas mais atualizadas e preocupadas com a difusão de informações direcionadas a cada grupo de interesse e com a necessidade da comunicação mais eficaz possuem sistemas de interatividade, ou seja, o internauta acessa os seus *sites* e conta com pessoas capacitadas para responder a todas as dúvidas.

Deste modo, os resultados esperados de controle e avaliação devem ser previstos no início e medidas corretivas serão tomadas sempre que necessário.

Resultados

Concluída a aplicação de uma pesquisa institucional, cria-se uma ampla possibilidade de intervir positivamente nas empresas, permitindo o prosseguimento de atividades, programações e ações de relações públicas. A pesquisa institucional oferece os dados para as funções de assessoramento e de coordenação, desenvolvidas na quarta fase do processo de relações públicas – revisão e ajustamento da política administrativa –, propiciando o apoio decisivo para que a empresa encare os seus maiores desafios.

A pesquisa institucional é concluída quando são "determinadas as áreas desajustadas ou em dificuldades", criando-se a base para revisão, ajustamento e melhoria de "normas e processos de trabalho para remover as possíveis causas dessas deficiências, procurando aplicar certos princípios no sentido de alcançar a compreensão e a boa vontade dos públicos" (Andrade, 1983, p. 95). Esta intervenção deve ser exercida pelo fornecimento de pareceres e recomendações para serem analisados, em virtude dos processos evolutivos por ela desenvolvidos e experimentados.

O resultado deste trabalho é a condição do profissional como representante dos públicos da organização perante a sua direção.

A resposta está no relacionamento qualificado de uma empresa com seus públicos estratégicos. Relacionamento criado, planejado e administrado como um grande conjunto de processos organizacionais, em que a comunicação é um importante componente, que diferencia e faz a imagem empresarial ser percebida como única (Nassar, 2004, p. 118).

As condições das estruturas econômicas, políticas e sociais determinam o aparecimento de diversas controvérsias envolvendo as organizações presentes na sociedade. A atuação profissional de relações públicas, tendo em vista esta realidade, deve contribuir decisivamente para colocar o interesse privado das organizações em sintonia com o interesse público.

Independentemente do local onde exerce suas funções, o profissional de relações públicas deve fazer constar de suas programações específicas as relações mais amplas com os grupos sociais, para que as organizações que os servem cumpram com destaque a sua responsabilidade social.

Referências bibliográficas

ALBRAS. *Guia Exame 1999 – As melhores empresas para você trabalhar*, São Paulo, p. 58, 1999.

ANDRADE, Cândido Teobaldo de Souza. *Curso de relações públicas: relações com os diferentes públicos*. 6. ed. São Paulo: Thomson, 2003.

_____. *Para entender relações públicas*. 4. ed. São Paulo: Loyola, 1983.

BACCARO, Archimedes. *Introdução geral à administração: administração ontem e hoje*. Petrópolis: Vozes, 1986.

BORTTONI, Fernanda. O código da família Belgo. *Guia Exame 2004 – As melhores empresas para você trabalhar*, São Paulo, p. 62, 2004.

CHIAVENATO, Idalberto. *Teoria geral da administração*. São Paulo: McGraw-Hill, 1979.

COSTA, José Eduardo. Aqui, quem trabalha é dono. *Guia Exame 2004 – As melhores empresas para você trabalhar*, São Paulo, p. 56, 2004.

CUNHA, Rodrigo Vieira da. A empresa que é uma fera. *Guia Exame 2003 – As melhores empresas para você trabalhar*, São Paulo, p. 62, 2003.

_____. Natureza viva. *Guia Exame 2003 – As melhores empresas para você trabalhar*, São Paulo, p. 64, 2003.

DIAS, Anne. Uma equipe que decide seu futuro. *Guia Exame 2004 – As melhores empresas para você trabalhar*, São Paulo, p. 50, 2004.

FIGUEIREDO, José Carlos. *Comunicação sem fronteiras: da pré-história à era da informação*. São Paulo: Gente, 1999.

FLEURY, Maria Thereza Leme. Cultura organizacional e estratégia de mudança: recolocando estas questões no cenário brasileiro atual. *Revista de Administração*, São Paulo, v. 26, n. 2, abr./jun., p. 3-11, 1991.

FORTES, Waldyr Gutierrez. *Relações públicas: processo, funções, tecnologia e estratégias*. 2. ed. São Paulo: Summus, 2003.

_____. *Transmarketing: estratégias avançadas de relações públicas no campo de marketing*. São Paulo: Summus, 1999.

FORTES, Waldyr Gutierrez; KAMIZI, Sâmia e SANTOS, Maria Claudia de Almeida Noronha. As relações públicas e a comunicação nas maiores e melhores organizações empresariais. In: Encontro Anual de Iniciação Científica, 12, 2003, Foz do Iguaçu. *Anais...* Foz do Iguaçu: Universidade Estadual do Oeste do Paraná, 2003.

FUENTES, Liège. O reinado dos jovens. Um lugar para gente especial. *Guia Exame 2004 – As melhores empresas para você trabalhar*, São Paulo, p. 126, 2004.

GIANGRANDE, Vera e FIGUEIREDO, José Carlos. *O cliente tem mais do que razão*. São Paulo: Gente, 1997.

GOMES, Maria Tereza. Um lugar para gente especial. *Guia Exame 2003 – As melhores empresas para você trabalhar*, São Paulo, p. 70, 2003.

GRUNIG, James E. A situational theory of publics: conceptual history, recent challenges and new research. In: MOSS, Danny; MACMANUS, Toby e VERCIC, Dejan. *Public relations research: an international perspective*. Boston: Thomson, 1997.

HOFFMANN, Andreas Roberto. Contribuição para uma pesquisa de pós-doutorado da Faculdade de Economia e Administração da Universidade de São Paulo. [Mensagem pessoal]. Mensagem recebida por <wgfortes@londrina.net> em 16 dez. 2004.

JACOMINO, Dalem. Energia para promover mudanças. *Guia Exame 2004 – As melhores empresas para você trabalhar*, São Paulo, p. 132, 2004.

_____. As pessoas em primeiro lugar. *Guia Exame 2003 – As melhores empresas para você trabalhar*, São Paulo, p. 52, 2003.

KOTLER, Philip. *Administração de marketing: análise, planejamento, implementação e controle*. 2. ed. São Paulo: Atlas, 1993.

_____. *Administração de marketing: análise, planejamento, implementação e controle*. 5. ed. São Paulo: Atlas, 1998.

LACERDA, Daniela. A vitória da inovação. *Guia Exame 2005 – As melhores empresas para você trabalhar*, São Paulo, p. 41, 2005.

MCCARTHY, E. Jerome. *Marketing básico: uma visão gerencial*. 2. ed. Rio de Janeiro: Zahar, 1978.

MENDES, Renato. Um só negócio, duzentos donos. *Guia Exame 2005 – As melhores empresas para você trabalhar*, São Paulo, p. 49, 2005.

MESTIERI, Carlos Eduardo. *Relações públicas: arte de harmonizar expectativas*. São Paulo: Aberje, 2004.

MUTIRÃO da produtividade. *Guia Exame 2005 – As melhores empresas para você trabalhar*, São Paulo, p. 187, 2005.

NASSAR, Paulo. *Tudo é comunicação*. São Paulo: Lazuli, 2004.

NAVES, Rubens. Metas do milênio impõem aliança entre o poder público e o terceiro setor. *Comunicação Empresarial*, São Paulo, v. 15, n. 56, p. 33-34, 3º trim. 2005.

NETZ, Clayton e CASTANHEIRA, Joaquim. As lições que o abismo traz. *Exame: o melhor dos anos 90*. São Paulo: Abril Multimídia, 1995. 1 CD-ROM. Grandes Matérias, Empresas.

OLIVEIRA, Djalma de Pinho Rebouças de. *Planejamento estratégico: conceitos, metodologia e práticas*. 12. ed. São Paulo: Atlas, 1998.

OLIVEIRA, Maurício de. Metas e objetivos claros. *Guia Exame 2004 – As melhores empresas para você trabalhar*, São Paulo, p. 152, 2004.

_____. Que tal almoçar por 3 reais ao mês? *Guia Exame 2004 – As melhores empresas para você trabalhar*, São Paulo, p. 48, 2004.

_____. Tratamento vip. *Guia Exame 2005 – As melhores empresas para você trabalhar*, São Paulo, p. 47, 2005.

ROCHA, Márcia. Sama. *Guia Exame 2003 – As melhores empresas para você trabalhar*, São Paulo, p. 149, 2003.

SILVEIRA, Mauro. Missão de salvar vidas. *Guia Exame 2004 – As melhores empresas para você trabalhar*, São Paulo, p. 185, 2004.

_____. Multinacional verde-amarela. *Guia Exame 2003 – As melhores empresas para você trabalhar*, São Paulo, p. 56, 2003.

_____. Respeito pelas diferenças. *Guia Exame 2004 – As melhores empresas para você trabalhar*, São Paulo, p. 159, 2004.

SIMÕES, Roberto Porto. *Relações públicas: função política*. 3. ed. São Paulo: Summus, 1995.

SIMON, Raymond. *Public relations: concepts and practices*. 2. ed. Columbus, Ohio: Grid, 1980.

SOUZA, Francisco Alberto Madia de. *Introdução ao marketing de 6ª geração*. São Paulo: Makron, 1994.

TEIXEIRA, Vicente Carlos. Ética nas empresas: dilemas do cotidiano. *Revista Profissional de Negócios*, São Paulo, v. 8, n. 88, p. 34, jul. 2005.

THAYER, Lee Osborne. *Princípios de comunicação na administração*. São Paulo: Atlas, 1972.

VALORES e transparências. *Guia Exame 2005 – Boa Cidadania Corporativa*, São Paulo, p. 64, dez. 2005.

VAMPEL, Daniella. É hora de envolver os parceiros. *Guia Exame 2005 – Boa cidadania corporativa*, São Paulo, p. 16, dez. 2005.

VASCONCELOS, Yuri. Em busca da confiança do mercado. *Guia Exame 2004 – Boa cidadania corporativa*, São Paulo, p. 49, dez. 2004.

VOLUNTARIADO. *Guia Exame 2001 – Boa cidadania corporativa*, São Paulo, p. 167, dez. 2001.

3

A AUDITORIA DA COMUNICAÇÃO ORGANIZACIONAL NA PERSPECTIVA DAS RELAÇÕES PÚBLICAS

Jorge Pedro Sousa

Este trabalho procura descrever métodos e técnicas de avaliação da comunicação organizacional interna e externa e propor formas de integração desses métodos e dessas técnicas em metodologias consistentes que possam servir aos profissionais de relações públicas, segundo roteiros que procurem abarcar os elementos organizacionais que participam nas dinâmicas comunicativas.

Introdução

O primeiro alicerce de uma organização é a comunicação. Uma organização é, antes de mais nada, um espaço que se consolida com o estabelecimento de redes de comunicação. Obviamente, uma organização não "é" *apenas* comunicação, mas "é", em grande medida, comunicação. Várias pesquisas e reflexões provam, aliás, esse ponto de vista. Para Tourish (1998, p. 113-114), a comunicação é relevante, desde logo, porque é comunicando que as organizações conseguem estabelecer um propósito coletivo unificado. Além disso, acrescentam Anderson et al. (1992, p. 20-21), a inexistência de uma comunicação agregadora e promotora da participação dos colaboradores da organização no processo de tomada de decisões deteriora o compromisso dos colaboradores para com a organização.

Tourish e Hargie (2000a, p. 4) explicam que a comunicação é vital para a gestão e deve ser entendida como uma ferramenta de gestão. Afinal, aclaram os autores, a gestão implica a troca de informação, a procura de *feedback*, a tomada de decisões baseadas nas informações, a tomada de decisões em grupo, a discussão de propostas, a participação em reuniões etc., o que envolve, necessariamente, a comunicação. Não é, assim, de estranhar que, numa pesquisa de Luthans e Larsen (1986), se descobrisse que os gestores passam entre 60% e 80% do seu tempo a comunicar, o que sustenta a idéia de Mintzberg (1989, p. 18) segundo a qual a profissão de um gestor é, em larga medida, a comunicação.

Sims e Lorenzi (1992), noutra pesquisa, demonstraram que uma liderança efetiva no contexto organizacional obriga a um constante uso de instrumentos de comunicação para criar significados, para dar sentido às coisas, compartilhar visões e idéias e construir uma agenda comum para a mudança organizacional. Tourish e Hargie (2000a, p. 5) demonstraram que a liderança organizacional só tem a lucrar com uma política de comunicação aberta e com um compromisso com o diálogo, pois isso promove a satisfação dos colaboradores e o seu compromisso para com a organização.

Campitt e Downs (1993), por seu turno, comprovaram que os benefícios obtidos com uma comunicação interna de qualidade incluem o aumento da produtividade, a redução do absenteísmo, uma melhoria na qualidade dos produtos e serviços, a inovação, a diminuição do número de conflitos, a redução de custos e melhorias na motivação dos colaboradores. A comunicação, no entanto, não passa apenas por aqueles aspectos evidentemente "comunicacionais", mas também por aspectos que possam parecer "menos comunicativos" mas o são, como a política de recursos humanos (Sousa, 2004).

Uma política de recursos humanos positiva e motivadora, que estimule a competição e, se necessário, a inovação, mas também dê alguma segurança e estabilidade aos colaboradores da organização, é uma útil ferramenta de comunicação para assegurar o desempenho e estimular a criatividade e a produtividade, em particular em organizações produtoras de conhecimento e inovação, como as universidades, os laboratórios farmacêuticos ou as empresas de alta tecnologia.

Não é, obviamente, apenas no nível interno que a performance comunicacional é importante para uma organização. A comunicação externa é tão importante como a comunicação interna para a eficácia da ação organizacional. Por exemplo, uma boa política informativa dirigida aos jornalistas e, por meio destes, aos públicos externos é, comprovadamente, útil para uma organização (Strick, 1998; Levine, 1994; Howard e Mathews, 1994; Sousa, 2004). Por outro lado, a boa comunicação de uma empresa com os seus clientes e investidores produz benefícios e dá segurança e estabilidade aos negócios, mesmo que implique custos, que devem, aliás, ser considerados investimentos (Arfin, 1994; Bowman, 1993; Marcus e Wallace, 1998).

A comunicação com os mercados e a competição comunicacional com a concorrência são, assim, questões vitais para as relações públicas empresariais externas (Taggert e Alexander, 1991; Marcus e Wallace, 1998), tanto quanto a comunicação de marketing orientada para os públicos externos (Burnett e Moriarty, 1998; Duncan e Moriartry, 1997; Harris, 1993; Murphy e Cunningham, 1999). As relações com o governo e a administração estatal, nacional e local, nomeadamente o *lobby*, são também áreas de crescente importância para as relações públicas externas (Dennis, 1996; Henry, 1995). O mesmo acontece com a internet e a www, já que cada vez mais organizações se apresentam publicamente na rede das redes (Holtz, 1999; Janal, 1995). Assim, a imagem externa de uma organização depende de diversas variáveis comunicacionais, pelo que a sua ação comunicativa deve ser planificada e gerida de acordo com elas (Capriotti, 1999; Sotelo Enríquez, 2001; Sousa, 2004; Sanz de la Tajada, 1996; Villafañe, 1993).

Em suma, a comunicação, quer se desenvolva dentro das organizações, quer seja direcionada para os seus públicos externos, tanto pode produzir benefícios como criar problemas. Pode-se considerar que a comunicação interna desenvolvida por uma organização lhe é benéfica quando, em resultado, o clima interno é saudável, criativo, estimulante e propício à obtenção de ganhos de produtividade e à diminuição do absenteísmo e, ainda, quando a imagem interna e a auto-imagem de uma organização são positivas. Por outro lado, pode-se considerar que a comunicação externa desenvolvida por uma organização lhe é benéfica quando os públicos externos formam imagens mais positivas da organização em causa e dos seus produtos e serviços, empenhando-se, em conseqüência, na construção de relações estáveis e mutuamente vantajosas. Por sua vez, uma organização que comunique mal, ou onde se comunique mal, "pode assemelhar-se a uma peça de teatro na qual ninguém saiba que papel está a desempenhar e os atores constantemente digam mal as falas, freqüentemente interrompendo ou emendando os outros atores, enquanto a assistência é ignorada ou insultada" (Tourish e Hargie, 2000b, p. 22).

Uma auditoria da comunicação procura, precisamente, avaliar até que ponto a comunicação desenvolvida na e pela organização é benéfica ou, pelo contrário, cria problemas. A auditoria da comunicação deverá fornecer, assim, dados concretos e reais, em parte quantificados, sobre as causas comunicacionais do sucesso ou insucesso organizacional, para que, posteriormente, os profissionais de relações públicas possam propor aos dirigentes e implementar, com conhecimento de causa, políticas e medidas comunicacionais destinadas a favorecer a organização e os seus colaboradores. *Os gestores organizacionais e os profissionais de relações públicas precisam saber com quem estão se comunicando, quais mensagens eles próprios e a organização estão emitindo, por intermédio de que canais, quais os bloqueios e ruídos ao processo e que efeitos a comunicação produz.* Em suma, uma auditoria da comunicação equivale a um diagnóstico comunicacional para que, *a posteriori*, se possam estudar e aplicar terapêuticas comunicacionais à organização.

Nem sempre é fácil justificar o investimento numa auditoria da comunicação perante os dirigentes organizacionais. Por um lado, estes poderão não compreender as determinantes comunicacionais do sucesso ou insucesso; por outro lado, o caráter quase intangível e volátil de certas formas de comunicação torna complicada a auditoria, agravando-se o problema pelas dificuldades em encontrar respostas para certas perguntas que o auditor da comunicação deve formular, como sejam:

- Como quantificar e medir a comunicação que se faz na organização e desta para o exterior?
- Qual contribuição concreta a comunicação dá para o sucesso ou insucesso organizacional, nomeadamente, no caso das empresas, para o lucro?
- Qual contribuição a comunicação pode dar para a mudança organizacional positiva em todos os níveis da organização?
- De que forma as diferentes modalidades de comunicação, individualmente consideradas, contribuem para o sucesso coletivo?
- O investimento na comunicação gera lucros?

Para desenvolver este trabalho, optou-se por dividir o presente texto em três partes: I. Conceito e contexto da auditoria da comunicação na perspectiva das relações públicas; II. Roteiro e implementação de uma auditoria da comunicação organizacional; III. Técnicas e métodos para auditorias da comunicação.

Conceito e contexto da auditoria da comunicação na perspectiva das relações públicas

A auditoria da comunicação é uma avaliação dos processos comunicativos desenvolvidos numa e por uma organização. Resume-se à aplicação de técnicas e métodos científicos, em particular daqueles que são suscetíveis de fornecer resultados quantificáveis, ao estudo da comunicação que se faz no seio das organizações e destas para o exterior (e respectivo *feedback*), tendo por objetivo determinar e aferir as condicionantes comunicativas (em sentido lato) do sucesso ou insucesso da organização e mesmo da sua sobrevivência.

Uma auditoria da comunicação envolve, assim, em primeiro lugar, a idéia de que o modo como a informação é produzida, trocada e processada dentro da organização e desta para o exterior é vital não apenas para seu sucesso ou insucesso, mas também para sua própria coesão.

Uma auditoria da comunicação tem de ponderar questões como se o tempo e os recursos devotados à comunicação são compatíveis com o sucesso organizacional; se a estratégia comunicativa da organização, quando existente, ajuda a evitar o caos e a coloca no caminho do sucesso; e se a informação emitida e recebida é quantitativa e qualitativamente adequada. Para isso, torna-se necessário coletar informação rigorosa sobre como os públicos organizacionais percebem o *clima organizacional*, e empreendem e aceitam ações comunicativas, afastando-se, assim, idéias preconcebidas, ilusões, medos e mitos sobre esse mesmo clima. De fato, num mundo competitivo, as organizações, nomeadamente as empresas, não podem fiar-se em crenças, intuições, esperanças e até ilusões sobre o que os públicos pensarão e farão. É preciso, racionalmente, "ir ao terreno" e obter informações rigorosas.

O clima organizacional é uma variável determinante do sucesso de uma organização (Lammers, 1994; Falcione et al., 1987; Redding, 1972). Segundo Redding (1972), há cinco dimensões importantes no clima organizacional, que devem ser levadas em linha de conta numa auditoria da comunicação:

- Suporte dos colaboradores à organização.
- Participação no processo de tomada de decisões.
- Confiança e credibilidade.
- Abertura e honestidade.
- Objetivos elevados.

Para a determinação do clima organizacional, Dennis (1975) propõe que se observem os seguintes fatores:

- Relações e comunicação superiores-subordinados.

- Qualidade percebida e rigor da comunicação descendente.
- Abertura percebida da relação entre superiores e subordinados.
- Oportunidade e efeito da comunicação ascendente (e percepção dos colaboradores sobre essa matéria).
- Confiança percebida na informação proveniente de subordinados e outros colaboradores da organização.

As listas de tópicos que configuram o diagnóstico do clima organizacional, segundo os autores anteriormente citados, denunciam que o clima organizacional, antes de tudo, diz respeito à comunicação. Esse fato confere um interesse a mais à auditoria da comunicação, já que é por meio desta que se consegue diagnosticar o estado real do clima organizacional e, assim, antecipar crises, manter ou corrigir o rumo da organização, perceber o que os públicos pensam realmente sobre ela e os líderes organizacionais.

No sentido mais estrito do termo, uma auditoria da comunicação corresponde a uma *coleta rigorosa de informação sobre a comunicação numa entidade*. Em síntese, consiste, essencialmente, no registro de resultados de inquéritos, entrevistas e de uma amostra representativa de episódios comunicacionais, assim como no processamento analítico e interpretativo dos dados obtidos, para determinação das tendências comunicativas da organização (*diagnóstico*), podendo, ainda, ser enriquecida com o confronto com os resultados de organizações congêneres e com o confronto com os resultados de auditorias anteriores à comunicação na organização auditada. No entanto, em sentido lato, pode-se considerar a auditoria da comunicação como equiparável ao processo de relações públicas em geral[1], pelo que à fase de *coleta de informação sobre as práticas comunicativas de uma organiza-*

---

1. Diferentes autores propõem diferentes números de fases para o processo de relações públicas. A título de exemplo, Sousa (2004, p. 37-122) sugere os seguintes: 1) observação; 2) definição de estratégias; 3) investigação; 4) planificação; 5) ação e avaliações intermédias; 6) avaliação final e retroação.

ção se poderiam associar, pelo menos, mais duas etapas nesse tipo de auditoria:

- *Proposta de políticas e sistemas de gestão comunicativa*, fase que consiste na prescrição da *terapêutica comunicativa* para a entidade, pelo desenvolvimento de novos sistemas de ação, gestão e controle da comunicação, em particular dos fluxos formais de informação, ou pela modificação ("correção") dos sistemas já existentes.
- *Proposta de avaliação dos sistemas implementados*, que corresponde, *grosso modo*, à retroação e realimentação do processo. Nesta fase, recolhe-se, novamente, informação rigorosa para avaliar a performance organizacional, tendo em conta os sistemas comunicativos implantados ou modificados e cada uma das políticas e ações implementadas. A avaliação deve confrontar a nova situação com a situação anterior (comparar o *antes* e o *depois*) e comparar os resultados com os resultados comunicativos de organizações congêneres, nacionais, estrangeiras e internacionais.

Vários profissionais e pesquisadores do campo das relações públicas têm-se debruçado, com alguma minúcia, sobre os objetivos principais de uma auditoria da comunicação. Goldhaber e Rogers (1979, p. 8), por exemplo, aconselham que os seguintes objetivos devem ser perseguidos:

1. Determinar a *quantidade de informação* associada aos principais *assuntos, fontes e canais* de comunicação.
2. Avaliar a *qualidade da informação*.
3. Avaliar a *qualidade da troca de informações*, nomeadamente, a confiança dos interlocutores uns nos outros e na informação disponibilizada, a sociabilidade, a satisfação no emprego e a motivação.
4. Identificar as *redes de comunicação existentes* e compará-las com as redes planificadas e formais prescritas pelo organograma organizacional (as redes de comunicação, por vezes, organizam-se informalmente, podendo contribuir para a propagação de rumores e boatos, informação distorcida etc.).

5. Determinar os *estrangulamentos* aos fluxos de informação e os *gatekeepers (pessoas que determinam a informação que passa e a que não passa)* desse processo, comparando-os com os papéis que, formalmente, essas pessoas desempenham.
6. Identificar categorias e exemplos de *experiências e incidentes comunicativos* comuns, positivos, negativos e neutros.
7. Descrever padrões de *comportamento comunicacional* de indivíduos, grupos e da própria organização no seu todo, em função de fontes, canais, assuntos, dimensão/duração e qualidade das interações comunicativas.
8. Providenciar *recomendações* para mudanças ou melhorias nas atitudes, práticas e competências comunicativas, a partir da auditoria.

Bedien (1980) clarifica que as auditorias da comunicação devem identificar as funções e disfunções comunicativas de uma organização, determinar as conexões entre os problemas comunicacionais e facilitar a implementação de soluções, focando-se em questões como:

- Quem está comunicando-se com quem?
- Que assuntos recebem maior atenção e aumentam a ansiedade?
- Quanta informação as pessoas recebem e emitem sobre assuntos cruciais?
- Qual o grau de confiança interpessoal?
- Como pode caracterizar-se a qualidade global das relações de trabalho?

Por sua vez, Wynne (1990, p. 28) propõe que as auditorias da comunicação devem responder às seguintes questões:

- Por que comunicar? Com que objetivos?
- O que é comunicado a quem?
- As pessoas recebem as mensagens? Compreendem-nas?
- Quais os meios mais eficazes, entre os usados, para as mensagens chegarem aos receptores pretendidos?

- A informação correta é comunicada de forma compreensível e digerível?
- Os gestores receberam formação em competências comunicacionais? Foram institucionalizados grupos de discussão sobre questões comunicacionais? Funcionam?
- Ocorrem fenômenos de comunicação lateral e informal?
- Os gestores sentem-se informados?
- Há *feedback* comunicativo nas organizações? A comunicação ascendente é fácil ou é bloqueada? Os gestores de topo conhecem os pontos de vista dos colaboradores situados em patamares inferiores da hierarquia organizacional?

Para Hargie e Tourish (1996), uma auditoria da comunicação deve dizer aos gestores e à organização no seu todo:

- Com quem estão falando.
- Com quem deveriam falar.
- De que assuntos as pessoas falam.
- De que fontes as pessoas obtêm informações.
- Que informação chega às pessoas pelos meios de comunicação organizacional e das reuniões e conversas.
- Qual é o impacto de tudo isso nas relações de trabalho.

Em outro trabalho, Tourish e Hargie (2000b, p. 22) explicitam que as questões-chave a colocar numa auditoria são as seguintes:

- Estão formulando as mensagens corretas?
- As mensagens (corretas) passam para os públicos?
- As pessoas sentem-se informadas?
- A comunicação direciona-se para os assuntos que mais interessam às pessoas?

Poderiam, aliás, ser adicionadas novas questões às listas anteriores, principalmente perguntas associadas à imagem da organização e dos seus colaboradores. A todas elas é importante responder numa auditoria da comunicação:

- Qual é a auto-imagem dos colaboradores?
- Até que ponto a auto-imagem dos colaboradores afeta o desempenho organizacional?
- Que imagem a organização quer ter de si mesma?
- A organização se esforça, comunicacionalmente, de forma planejada, para criar e gerir a imagem que quer ter de si mesma?
- Que imagem a organização tem, efetivamente, de si mesma?
- Até que ponto a auto-imagem da organização afeta o desempenho organizacional?
- Que imagem a organização quer dar de si mesma?
- A organização se esforça, comunicacionalmente, de forma planejada, para criar e gerir a imagem que quer dar de si mesma?
- Que imagem a organização dá, efetivamente, de si mesma?

Ao responder a essas e outras questões, e como dizem Tourish e Hargie (2000b, p. 41), a auditoria da comunicação "torna o intangível tangível, inscreve a comunicação na agenda da direção da organização, promove a eficiência e a eficácia num mundo competitivo", sendo essencial para o sucesso organizacional, no contexto de uma política de relações públicas (de comunicação) completa.

Roteiro e implementação de uma auditoria da comunicação organizacional

De forma geral, autores antes citados enumeraram as questões genéricas que devem presidir a realização de uma auditoria da comunicação. Porém, uma auditoria da comunicação (e imagem) deve seguir roteiros minuciosos que dêem conta das várias facetas da vida e da ação comunicativa organizacional, para evitar que o auditor se perca ou se disperse. Joseph A. Kopec (apud Sousa, 2004, p. 52-53), por exemplo, entende que uma auditoria da comunicação deve abranger a análise das seguintes áreas:

1) *Filosofia da comunicação* – Políticas de comunicação escrita formal; posicionamento da comunicação entre as prioridades da direção organizacional; apoio dado pela direção organizacional à comunicação; relações entre os responsáveis pela comunicação e outros responsáveis da entidade; relacionamento comunicacional dentro da entidade; grau de centralização ou descentralização da comunicação.
2) Objetivos *da entidade* – Objetivos que a entidade pretende atingir, com e sem o apoio de políticas comunicacionais, em longo, curto e médio prazos.
3) *Organização, colaboradores e recompensas* – Estrutura organizacional; balanço de deveres e direitos em cada posição hierárquica; níveis salariais, política salarial e sistema de recompensas; produção e produtividade; problemas organizacionais (absenteísmo etc.).
4) *Programas comunicacionais existentes* – Métodos e meios formais de comunicação ascendente, descendente e horizontal; métodos e meios formais de comunicação externa (relatórios anuais, livros de fatos, histórias, *press-releases*, brochuras; vídeos, filmes e outros audiovisuais; eventos especiais, como encontros anuais e dias de casa aberta; *site* na www, e-mail...); programa de identidade visual e logotipo.
5) *Meios existentes e seu uso* – Publicações, manuais, boletins, televisão interna, vídeos, *slides*, teleconferência, telefone, memorandos, relatórios, correspondência, e-mail, intranet etc.
6) *Recurso às comunicações informais* – Quantidade, qualidade e credibilidade da informação e eficácia da comunicação interpessoal, tanto no nível da comunicação interna como no nível da comunicação externa; reuniões.
7) *Encontros* – Freqüência, conteúdo, formato, eficácia e duração dos encontros globais ou setoriais dos colaboradores da organização ou destes com elementos dos públicos externos.
8) *Atitudes quanto à comunicação* – Atitudes dos colaboradores em relação à comunicação interna formal e informal; atitudes dos públicos externos em relação à comunicação externa formal e informal, em particular quanto a assuntos organizacionais (produtos, serviços, crises...) em que possam estar interessados.

9) *Necessidades e expectativas* – Necessidades e expectativas comunicacionais dos diferentes setores e patamares hierárquicos da organização; necessidades e expectativas comunicacionais dos públicos externos.

Por sua vez, minuciosamente, Jorge Pedro Sousa (2004, p. 52-62) entende que, numa auditoria da comunicação, todas as atividades comunicacionais e os meios de comunicação devem ser avaliados (boletins informativos, folhetos, declarações de missão, circulares e notas de serviço, relatórios, memorandos, projetos, artigos, intranet, *site*, assessoria de imprensa, identidade visual, atividades de comunicação publicitária e de marketing, sinalética, espaços físicos, fardamento, referências na mídia etc.), propondo o seguinte roteiro, que o autor classifica como "não-exaustivo":

Dados gerais

A obtenção de informações gerais sobre a entidade permite a coleta de informações importantes sobre o seu posicionamento e as formas de comunicar. Entre essas informações avultam o setor de atividade, o volume de negócios (caso se trate de uma empresa), a dimensão da organização, o balanço social (em particular, os índices de formação dos colaboradores), o organograma etc. Há ainda que determinar:

– Se a organização possui uma política de comunicação.
– Se a organização tem um responsável pela comunicação e um departamento de comunicação ou se recorre a serviços externos.
– Se a comunicação está adstrita a outra área, como o marketing, ou às vendas, ou se constitui um setor específico da organização.
– Se a relação custo–benefício da gestão de comunicação é global e setorialmente satisfatória e se o respectivo orçamento é adequado à organização.

- Se o tempo despendido nas atividades de comunicação é adequado para a entidade.

Mapeamento da comunicação

A organização comunica e comunica-se. Um dos principais objetivos da auditoria da comunicação é mapear a comunicação da organização, em função dos públicos-alvo. Em particular, há que:

- Descrever as linhas e redes de comunicação formal e informal, internas e externas.
- Descrever os sentidos da comunicação.
- Verificar o grau de distorção das linhas e redes de comunicação formal interna em relação ao organograma.

Manual de comunicação organizacional

Muitas organizações já dispõem de manuais de comunicação, em que se definem as normas vigentes. Daí que uma auditoria da comunicação tenha de passar pelo estudo desse manual, caso exista, para averiguar se o quadro comunicacional normativo é o mais adequado e eficaz. Numa auditoria, deve ser verificado se o manual, entre outras opções:

- Define os públicos principais com que a entidade se comunica.
- Define o território do segredo, do confidencial e da informação livre.
- Explicita as necessidades de comunicação para cada público.
- Inventaria as necessidades principais de comunicação para os diferentes setores organizacionais.
- Prevê crises e respostas comunicacionais para o caso de essas surgirem.
- Inventaria os meios de comunicação disponíveis e regulamenta (flexivelmente) a sua utilização.

- Explicita os meios a usar em situações rotineiras e previsíveis de comunicação.
- Registra os eventos que devem ser assinalados.
- Normatiza a identidade visual.
- Explicita como deve ser feito o acolhimento de neófitos.

Mensagens

Uma entidade está continuamente comunicando e comunicando-se. A comunicação é o lubrificante da vida organizacional e a atividade que assegura a ligação do sistema organizacional com o exterior. Daí que uma auditoria da comunicação tenha de passar, necessariamente, pela avaliação das mensagens formais e informais que são transmitidas e difundidas no seio da organização (comunicação interna) e para fora dela (comunicação externa). Em particular, há que apurar:

- Se a informação transmitida é clara, em particular quando se trata de ordens e instruções.
- Se a informação transmitida é pertinente, observando se é excessiva, deficitária ou em dose adequada.
- Se a informação transmitida é adequada ao público-alvo, considerando o nível de escolarização e a formação específica.
- Se a informação transmitida alcança efetivamente os destinatários.
- Se a informação recebida é aceita e compreendida.
- Se as mensagens são consentâneas com a imagem que se pretende projetar.
- Se as mensagens transmitidas informalmente, por canais de comunicação formal e informal, não prejudicam os objetivos e a missão organizacional e se estão ajustadas aos valores que a entidade assume como seus.

Meios (dispositivos técnicos) e canais de comunicação

Uma vez que as mensagens estão dependentes dos canais e meios de comunicação, há também que observar os meios e canais usados e ponderar se são os mais adequados e se estão sendo usados eficientemente. Em especial, há que verificar:

- Se os meios disponíveis foram adequadamente selecionados, em função das mensagens, dos usuários, dos emissores e dos receptores.
- Se os meios de comunicação estão sendo usados adequada e eficientemente e se são acessíveis aos usuários.
- Se os canais de comunicação formal estão desimpedidos e são coerentes com a dinâmica, a hierarquia e a estrutura organizacional.
- Quais os meios e canais de comunicação mais usados e por quê, para que em intervenções sobre a comunicação organizacional se tenha em conta a apetência por determinados meios e canais.

Alguns dos meios de que a organização se pode servir para se comunicar com os seus públicos devem ser analisados com maior profundidade. Uma auditoria da comunicação tem de deter-se neles, averiguando se existem, quais os seus responsáveis, quem os faz e por quê, quem os usa e por quê, se as suas formas e seus conteúdos (análise de conteúdo) são adequados aos objetivos comunicacionais, se a periodicidade é adequada ao fim em vista, se têm suficiente qualidade técnica e estética, se o orçamento é suficiente e bem aplicado etc.

No que respeita aos meios usados predominantemente para comunicação com o público interno, a auditoria da comunicação deve, em especial, preocupar-se com os seguintes:

- Circulares, cartas e memorandos.
- Jornal organizacional ou similares (*newsletters*, boletins informativos, revistas...).
- Quadros de avisos.
- Intranet (e-mail, informações, secretária eletrônica etc.).
- Caixa de sugestões.
- Noticiário em vídeo.

Uma auditoria da comunicação deve preocupar-se, igualmente, com os meios de comunicação com o público externo, em particular:

- Jornais, revistas, *newsletters*, boletins informativos e similares;
- Internet (*site* organizacional, monitoria da rede etc.).
- Pontos de atendimento e venda.
- *Press-releases* e outros meios de comunicação com os jornalistas.
- Catálogos, folhetos e similares.
- Meios de comunicação publicitária e de marketing.

COMUNICAÇÕES INTERPESSOAIS E INDIVIDUAIS E CELEBRAÇÕES

A comunicação interpessoal e individual é relevante para a vida interna de qualquer organização. Uma auditoria da comunicação não pode deixar de verificar:

- Se a periodicidade, a duração e a qualidade das reuniões, entrevistas e conversas são satisfatórias.
- Se são celebradas datas relevantes para os colaboradores (aniversário, aniversário do acolhimento etc.).
- Se são assinaladas datas importantes para a organização (aniversário da fundação, dia da organização etc.).
- Se a liderança fixa objetivos realistas clara e regularmente.

COMPORTAMENTOS E ATITUDES ORGANIZACIONAIS

Os comportamentos e as atitudes coletivas da entidade e os comportamentos e as atitudes individuais dos colaboradores, em particular daqueles que se relacionam com a vida e a dinâmica organizacionais, são altamente comunicantes. Daí que tenham de ser descritos e avaliados, para verificar até que ponto afetam a imagem da entidade em causa. Há diversas variáveis que têm de ser equacionadas:

- Que respostas dá a organização às solicitações de que é alvo?
- Como a organização se posiciona no meio?
- Quais os sistemas de motivação, recompensa e punição?
- Qual é o estado de saúde (financeiro etc.) da organização e o que se sabe dele?
- Em que congressos, certames profissionais e atos sociais participam os quadros da entidade?
- Qual é o estilo de liderança? (Em que situações os líderes se reúnem com quadros da organização e os colaboradores em geral? Os líderes ouvem os colaboradores?...)
- Qual é o acolhimento dispensado aos neófitos? (Os neófitos têm um manual de acolhimento? Têm um "padrinho" na organização?)

Comunicação de marketing

A comunicação de marketing é vital para a vida das empresas e constitui uma das vertentes mais relevantes das relações públicas empresariais orientadas para o público externo. Assim, a comunicação de marketing, como vertente da comunicação empresarial (e não só), tem de ser analisada, devendo observar-se:

- Se existem normas de relacionamento com os clientes ou usuários.
- Se existem serviços de pós-venda e de reclamações e se estes dão respostas satisfatórias às solicitações.
- Se é dada informação ao cliente ou usuário.
- Se são feitas promoções e ofertas.
- Se a organização está presente em feiras e certames semelhantes.
- Se a entidade tem catálogos de produtos e em que suportes (papel, vídeo, CD-ROM, DVD...).
- Se é feito (e como é feito) o telemarketing.
- Se é dada atenção ao *packaging* (quando aplicável).
- Se existem áreas de atendimento ao público e como estão organizadas e decoradas.

Formação (treinamento)

As organizações dependem da formação para harmonizar as práticas e capacitar os colaboradores. A formação no domínio comunicacional é tão importante como a formação para as tarefas específicas que os colaboradores da organização devem desempenhar. Além disso, uma organização que ofereça formação aos seus colaboradores pode melhorar direta e indiretamente a sua imagem (pelos melhores serviços que prestará, pelo que os colaboradores dirão etc.). Daí que uma auditoria da comunicação tem de ter em conta:

- Se a entidade oferece aos colaboradores formação ao nível das competências profissionais específicas e gerais.
- Se a entidade oferece aos colaboradores formação ao nível das normas e competências comunicacionais.
- Qual o impacto da formação sobre a imagem da entidade.

Identidade visual

A identidade visual consubstancia-se no logotipo e deve ser assumida num programa coerente, de preferência descrito num manual. A identidade visual deve corporificar a identidade e a estratégia da entidade, diferenciando-a das demais. Numa auditoria da comunicação, o profissional de relações públicas deve:

- Analisar a identidade visual da entidade e das entidades do mesmo setor de atividade, observando se a sua identidade visual se distingue positivamente da das demais.
- Aferir a constância e coerência dos elementos que se articulam em torno da identidade visual (*lettering*, grafismo etc.).
- Avaliar a visibilidade e legibilidade do logotipo e a capacidade de reconhecimento e evocação dele.
- Verificar se o logotipo é uma mais-valia para a entidade, nomeadamente, se é funcional, se sugere os valores e o posicionamento da entidade e se tem valor estético.

- No caso de a entidade estar integrada num setor de atividade que já comporte símbolos visuais, verificar se a sua identidade visual em causa reúne esses símbolos e está devidamente codificada (como a cruz verde das farmácias).
- Analisar como evoluiu historicamente a identidade visual da entidade.
- Verificar se na comunicação externa e interna se respeitam as constantes da identidade visual da entidade.

Inquéritos

Algumas organizações preocupam-se com uma auscultação sistemática dos colaboradores e mesmo dos públicos externo e misto. A realização desses inquéritos, a sua periodicidade, a adequação do orçamento e tempo despendidos, além, naturalmente, dos resultados deles, são elementos a levar em consideração numa auditoria da comunicação.

Comunicação com a mídia (assessoria de imprensa)

A comunicação com os meios jornalísticos é uma área vital das relações públicas e uma daquelas que mais devem ser dissecadas numa auditoria da comunicação. Em particular, é importante ponderar:

- Se a organização tem uma atitude proativa ou reativa em relação aos jornalistas.
- Que meios a organização usa para se comunicar com os jornalistas e que grau de utilidade revelam (*press-releases*, dossiês de imprensa, conferências de imprensa, visitas de imprensa, viagens de imprensa, reuniões com jornalistas, entrevistas, participação em programas jornalísticos etc.).
- Que informação é difundida aos jornalistas pela organização e em que ocasiões (o fornecimento de informação é regular ou pontual?).

- Quais as características da informação direcionada para os jornalistas (é verdadeira, factual, autorizada, credível, pertinente, segmentada e vai ao encontro dos critérios de noticiabilidade dos diferentes órgãos de comunicação social?).
- Se o esforço e o dinheiro empregados na comunicação com os jornalistas não seriam mais bem usados em comunicação publicitária e de marketing.

Comunicação publicitária

A comunicação publicitária, em especial quando se trata de empresas, é outra das vertentes que não podem ser ignoradas numa auditoria da comunicação, já que, por meio da publicidade, uma empresa, seus produtos ou serviços ganham notoriedade, diferenciação e adesão (desejo de compra etc.). Numa auditoria da comunicação, tem de se verificar:

- Se é feita publicidade ou não e quais as razões.
- Se a publicidade é esporádica, sistemática (campanhas seqüenciadas) ou permanente.
- Se a publicidade é entregue a uma agência ou é planejada e desenvolvida pela própria entidade.
- Se os resultados são adequados aos objetivos e aos recursos mobilizados.
- Se o âmbito geográfico das campanhas publicitárias é adequado.
- Se os meios que estão sendo usados para a publicidade são adequados (TV, imprensa, rádio, internet, *outdoors*, cinema, *mailing* etc.).

Patrocínio (*sponsoring*) e mecenato

O patrocínio e o mecenato permitem a uma entidade ganhar notoriedade e distinguir-se das demais, beneficiando-se da mais-valia de imagem que representa a sua preocupação pelo bem-estar da comunidade. Por isso, uma auditoria da comunicação deve ponderar:

- Se a entidade faz patrocínio e mecenato e em que circunstâncias.
- Se o patrocínio e o mecenato são setoriais ou gerais.
- Se o patrocínio e o mecenato são atividades sistemáticas ou pontuais.
- Se os resultados do patrocínio e do mecenato vão ao encontro dos objetivos organizacionais.
- Se os recursos consumidos pelo patrocínio e mecenato são adequados.

Beneficência

Tal como o patrocínio e o mecenato, a beneficência contribui para a criação de uma imagem positiva, notória e diferenciada de uma organização, já que demonstra publicamente o seu compromisso com o bem-estar da comunidade. Por isso, uma auditoria da comunicação tem de analisar:

- Se a organização e os seus colaboradores participam em ou desenvolvem atividades de beneficência.
- Se as atividades de beneficência são pontuais ou sistemáticas, segmentadas ou não.
- Se o esforço financeiro eventualmente envolvido é factível para a organização.

Comunicação de crise

Uma crise pode afetar a vida de uma organização em qualquer instante, portanto uma entidade deve estar precavida para o caso de uma crise irromper, mesmo que a sua atitude não seja proativa. Uma auditoria da comunicação não pode, por conseqüência, ignorar se a organização se preveniu quanto à adoção de medidas comunicacionais em situações de crise. Alguns fatores a ponderar são os seguintes:

- A política de comunicação de crise parte de experiências anteriores ou não? (Já aconteceram crises na entidade? Se sim, quais respostas comunicacionais foram dadas e quais os resultados? Os resultados dessas respostas tiveram eco na preparação comunicacional para novas situações de crise?)
- As crises são prováveis ou improváveis?
- Existem planos de comunicação de crise? São necessários ou as crises são de tal forma improváveis que esses planos não se justificam?
- Os planos de comunicação de crise são atuais e estão atualizados?
- Existe um manual de comunicação de crise e de resposta global à crise? É atual e está atualizado? É necessário ou é injustificado, pelo fato de as crises serem muito improváveis?
- Está previsto um gabinete de crise? Quem o lidera? Quem é o responsável pela comunicação de crise e quem é o porta-voz da entidade?
- A organização desenvolve uma política comunicacional destinada a evitar crises (por exemplo, uma política comunicacional relacionada com acidentes ou doenças de trabalho)?
- A organização prevê que a resposta comunicacional à crise seja planejada e executada por quadros internos ou que seja atribuída essa responsabilidade a uma agência exterior e aos *spin doctors*?
- Existe um espaço físico atribuído ao gabinete de crise, mesmo que não em permanência, devidamente equipado e adequado?
- Existem ou estão previstos espaços físicos para conferências de imprensa?

Sinalética e organização do meio físico

A sinalética e a organização e decoração dos espaços de atendimento e trabalho são aspectos não negligenciáveis da auditoria da comunicação, pois interferem no bem-estar de colaboradores e públicos que interatuam pessoalmente com a organização. Assim, há que verificar:

- Se existe um esforço para sinalizar adequadamente os espaços da organização.
- Se as pessoas de fora e os colaboradores internos se orientam facilmente nos espaços físicos.
- Se os espaços são convidativos, acolhedores e adequados ao desenvolvimento do trabalho.
- Se há espaços adequados para receber visitantes (salas de espera etc.).

Fardamento e outros códigos de vestuário

Em vários casos, o uso de fardas é uma forma de dar visibilidade, distinção, notoriedade e capacidade de identificação a uma organização. Pode também contribuir para a agregação e integração dos colaboradores. Numa auditoria da comunicação, há que observar:

- Se as fardas são necessárias.
- Se as pessoas usam ou não fardas e se o seu uso é adequado.
- Se são dadas condições para o uso de fardas (por exemplo, se o calor for excessivo, certas fardas são inapropriadas).
- Se as fardas são impecavelmente mantidas.
- Se as fardas são confortáveis.
- Se as fardas fomentam a agregação e o espírito de corpo.
- Se os colaboradores consideram que o uso de fardas é adequado, necessário e importante para a organização.
- Se as fardas contribuem para a notoriedade e distinção da organização.

Por vezes, uma organização pode não ter uma política de fardamento, mas impor um *código de vestuário*. Neste caso, é preciso observar:

- Se o código de vestuário é necessário e apropriado para a organização em causa.

- Se o código de vestuário é respeitado.
- Se são criadas condições ambientais (ar condicionado, aquecimento etc.) para que os colaboradores possam cumprir o código de vestuário imposto pela organização.
- Se os colaboradores percebem o código de vestuário como necessário, adequado e importante para a organização.

Uma auditoria da comunicação passa por várias fases interligadas, nem sempre em seqüência linear:

1) Contratação de serviços do auditor (caso a auditoria não seja interna) e especificação do serviço a prestar; autorização de acesso à organização e delimitação dos setores e documentos de acesso livre, acesso condicionado e acesso proibido, caso necessário.
2) Observação genérica da organização a auditar (pré-auditoria); reuniões preparatórias (com gestores, diretores e chefias).
3) Especificação dos objetivos, das informações a obter e, por conseqüência, das perguntas de pesquisa a fazer (perguntas que delimitarão o âmbito da auditoria).
4) Discriminação dos critérios a usar e dos métodos e técnicas a empregar.
5) Definição da metodologia; determinação de amostras, caso seja necessário.
6) Produção dos instrumentos necessários à auditoria (por exemplo, questionários e roteiros de entrevistas) e preparação do material e dos colaboradores.
7) Caso necessário, novas reuniões com gestores de topo e chefias intermédias, para explicação dos objetivos e da metodologia da auditoria da comunicação; reuniões setoriais com os colaboradores da organização, com idêntico propósito (pode ser produzido um folheto informativo para explicar aos colaboradores o que se vai fazer e quais as razões para que se faça ou, em alternativa, poderá ser enviada uma carta do líder da organização a todos os colaboradores anunciando a auditoria, seus objetivos e sua metodologia).
8) Pré-testes e revisão geral; aprimoramento da metodologia, caso necessário.

9) Auditoria (coleta de informação); avaliações intermédias para correções pontuais.
10) Processamento de dados e interpretação.
11) Redação do relatório e apresentação das conclusões.
12) Avaliação da auditoria pelo próprio auditor, quer para comparação entre os objetivos iniciais e aqueles que se alcançaram e entre a informação que se pretendia obter e aquela que se obteve, quer para melhorias futuras na preparação e execução de auditorias.

Vários estudos aconselham que é preciso garantir o apoio da direção organizacional para que uma auditoria da comunicação possa realizar-se com sucesso (Tourish e Hargie, 2000b; Spurgeon e Barwell, 1991; Pettigrew et al., 1992). Pelo contrário, a oposição ou incompreensão de alguns dos gestores de topo da organização pode comprometer a auditoria. Por isso, autores como Tourish e Hargie (2000b, p. 26) sugerem que, lateralmente ao processo de auditoria, é preciso reunir-se com os gestores e chefias. Essas reuniões devem ter várias finalidades:

1) Conhecimento direto dos gestores e das demais chefias por parte dos auditores.
2) Clarificação do valor da auditoria e do seu papel na organização a ser auditada.
3) Obtenção do apoio e compromisso dos gestores e das chefias para a auditoria (é útil, por exemplo, que o líder organizacional envie uma carta aos colaboradores da organização anunciando a auditoria, seus objetivos e sua metodologia; do mesmo modo, o líder organizacional deverá endereçar uma carta a uma amostra de elementos dos públicos externos de maior valor para a organização, para torná-los receptivos à participação na auditoria).
4) Planejamento do processo de auditoria, para não comprometer o ciclo produtivo da organização (por exemplo, definição dos momentos para aplicação de questionários, realização de entrevistas e grupos focais etc.).
5) Definição de quem, dentro da organização, terá acesso aos resultados globais e setoriais da auditoria.

6) Estipulação das condições de acesso aos documentos internos e outros materiais que devem ser auditados.
7) Determinação genérica dos atos comunicativos que podem ser registrados e do procedimento a adotar para esse registro (*a posteriori*, podem ser pedidas autorizações para registrar novos atos comunicativos).
8) Obtenção de informações genéricas sobre a organização e a sua situação comunicacional (organograma, setores, chefias, número de colaboradores, balanço social[2], relatórios de atividades e contas, sistema de recompensa (incluindo salários) e punição, forma de identificação e recompensa das boas práticas, perspectiva dos gestores e diretores sobre a direção em que se processam os fluxos de informação verticais e horizontais etc.).
9) Identificação, *a priori*, dos principais assuntos que são ou deveriam ser objeto de troca de informações dentro da organização e dos canais e meios que são ou deveriam ser usados para esse fim (para confronto posterior com os resultados da auditoria).
10) Percepção da perspectiva dos gestores e das chefias sobre o papel da comunicação na organização e sobre os padrões comunicativos que desejariam alcançar.
11) Percepção da perspectiva dos gestores e das chefias sobre bloqueios à comunicação e outros problemas comunicacionais da organização.
12) Obtenção de informações sobre auditorias passadas, caso tenham sido realizadas, e sobre a história da organização, em particular sobre a sua história comunicativa.
13) Quando a auditoria é realizada por auditores externos, determinação de quais elementos da organização farão a ligação entre a equipe de auditores e a organização (é aconse-

---

2. Anualmente, as pessoas coletivas (pessoas jurídicas) portuguesas são obrigadas a elaborar um documento conhecido como balanço social, com o número de colaboradores, dados sobre as habilitações acadêmicas e a formação dos colaboradores, sua idade e sexo etc. O balanço social é genérico, isto é, não são apresentados dados sobre colaboradores individuais, mas sobre a totalidade dos colaboradores, eventualmente por setor.

lhável que os auditores trabalhem diretamente com o líder organizacional e o responsável pela comunicação e/ou pelo marketing, quando este cargo exista).

Normalmente, a auditoria propriamente dita é precedida de uma pré-auditoria e de reuniões destinadas a familiarizar os auditores com a organização, as preocupações dos gestores, as idéias "que andam no ar" sobre a organização etc. Os dados obtidos nesta fase do processo ajudam a configurar os questionários e as perguntas a fazer nas entrevistas, a selecionar os atos comunicativos a registrar, os documentos a analisar, os lugares e pessoas a observar etc. Com base, parcialmente, nas idéias de Tourish e Tourish (1996), aconselha-se que na fase de pré-auditoria se explorem os seguintes assuntos (na organização):

- Processos de tomada de decisões.
- Canais de comunicação.
- *Feedback*.
- *Gatekeepers* formais dos fluxos de informação.
- Meios de comunicação.
- Relações de comunicação.
- Obstáculos à comunicação.
- Estrutura organizacional.
- Políticas e respostas comunicacionais da organização.
- Sistema de recompensas e punição.

Como se disse, a auditoria da comunicação propriamente dita resume-se à coleta de informações sobre a comunicação na entidade e desta para o meio externo, usando-se métodos e técnicas cientificamente validados. A auditoria deve ser acompanhada, permanentemente, pelos seus responsáveis, para que a sua execução possa ir sendo avaliada e pontualmente corrigida, se necessário.

Os maiores problemas enfrentados pelos auditores usualmente se prendem a questões relacionadas com a resistência à mudança e o medo de exposição individual ou punição. O compromisso com o sigilo e o anonimato é "meio caminho andado" para se vencer essas resistências.

Uma auditoria da comunicação não tem por objetivo individualizar ações comunicativas ou apontar "culpados" por situações de má comunicação, mas sim definir, em geral, como a organização comunica e se comunica. No entanto, as pessoas, sistematicamente, apresentam resistência à mudança e não gostam que as interroguem sobre a sua eficiência e eficácia no trabalho, pois têm medo de ser punidas ou de as suas (más) práticas serem publicamente expostas de alguma maneira. Assim sendo, deve ser assegurado aos colaboradores, oralmente e por escrito, que o *anonimato* é garantido e que as respostas serão objeto de tratamento estatístico, o que diluirá os resultados individuais no relatório sobre a situação comunicativa geral da organização. A seleção de amostras semi-estratificadas[3] de colaboradores e de atos comunicativos a registrar sublinhará a idéia de anonimato, já que os colaboradores da organização perceberão que a participação de alguns deles ocorreu de forma aleatória. Obviamente, o sigilo e o anonimato também deverão ser garantidos aos membros dos públicos externos cuja colaboração seja pedida (e anuída), mas, normalmente, estes têm menos relutância em responder a questões, ser entrevistados etc., pois nunca lhes serão colocadas perguntas sobre si mesmos ou até sobre a organização a que pertencem, mas apenas sobre a organização que está sendo auditada e a forma como se comunicam com ela.

Para garantir o sigilo das respostas, para além de não deverem ser recolhidos elementos que permitam a identificação dos respondentes ou entrevistados, apenas a equipe de auditores

---

3. No caso da auditoria, uma amostra semi-estratificada, ou semiprobabilística, é uma amostra que, após definição das quotas representativas dos diversos setores da organização a auditar, usa métodos aleatórios para determinar quem, de fato, vai ser auditado, ou seja, quem vai responder a questionários, quem vai ser observado em atos comunicativos, a quem se pedirão registros dos atos comunicativos etc. Normalmente, numa auditoria da comunicação apenas se faz uma estratificação por setores da organização, mas, em certos casos, também pode ser feita uma estratificação por profissões e, mais raramente, por idade, sexo e habilitações acadêmicas.

deve ter acesso ao material coletado. Por vezes, o processamento do material recolhido é feito por uma equipe diferente daquela que esteve no terreno fazendo a auditoria, o que reforça o sigilo. No relatório da auditoria também não devem, por norma, ser feitas referências a indivíduos em particular. Os materiais recolhidos (questionários, registros de entrevistas e grupos focais etc.) podem ser destruídos após a auditoria estar concluída e o respectivo relatório, entregue.

Quando se aplicam inquéritos, deve ser evitada a presença de colaboradores hierarquicamente superiores, para não se desacreditar a garantia de sigilo (as pessoas que respondem não podem, de forma alguma, sentir-se como se estivessem sendo espionadas ou como se alguém estivesse invadindo sua vida privada). Do mesmo modo, as entrevistas devem ser realizadas apenas estando presentes entrevistador e entrevistado.

Outras resistências à auditoria que podem ocorrer prendem-se à obtenção de informação comercialmente sensível (nas empresas), o que pode ser controlado pela garantia de sigilo do relatório da auditoria e com a prévia definição dos setores e documentos que podem ser auditados livremente, auditados controladamente ou não auditados de todo.

Técnicas e métodos para auditorias da comunicação

As questões e os roteiros atrás expostos evidenciam que uma auditoria da comunicação é uma tarefa com certa dimensão. Para ser realizada com rigor, é preciso que os profissionais de relações públicas usem métodos e técnicas fiáveis e válidas, importados, principalmente, das ciências sociais. No entanto, nem todos esses métodos e essas técnicas são aplicáveis a todas as organizações ou a todas as circunstâncias da auditoria. Não há um único método, e muito menos um único método "certo", para auditar a comunicação.

Por isso, neste texto, procurar-se-á apresentar sinteticamente alguns métodos e algumas técnicas que os profissionais de relações públicas podem usar numa auditoria da comunicação e imagem. Além disso, pressupõe-se que os métodos e as técnicas aqui sumariamente apresentados não devem, por norma, ser aplicados isoladamente, mas numa lógica processual – a metodologia da auditoria comunicacional – que integre vários desses métodos e dessas técnicas, segundo roteiros determinados que promovam a análise detalhada de cada um dos patamares em que se desenvolve a vida – e, por conseqüência, a comunicação – numa organização.

Obviamente, nenhum dos métodos será apresentado extensivamente, dadas as contingências de espaço. Pelo mesmo motivo, também será impossível apresentar todos os métodos e técnicas que podem ser usados numa auditoria da comunicação.

Inquéritos

Os inquéritos são um dos principais instrumentos de pesquisa em relações públicas ou talvez mesmo o principal. São também o principal instrumento do auditor de comunicação.

Os inquéritos são instrumentos de pesquisa que visam à coleta de informação sobre idéias, afetos e comportamentos das pessoas, baseando-se em questionários. Quanto à sua natureza, há três tipos de inquérito:

a) *Inquéritos descritivos* – São os inquéritos cujo objetivo é documentar e descrever o que existe em determinado momento. Por exemplo, pode-se, por meio de um inquérito, tentar estabelecer o perfil dos fornecedores de uma entidade, ou quais as preferências dos colaboradores da entidade no que respeita aos meios escolhidos para difusão de informação.

b) *Inquéritos analíticos* – São os inquéritos que tentam descrever e explicar quais as razões para a ocorrência de determinados fenômenos. As perguntas devem, assim, relacionar variáveis, como, por exemplo, até que ponto os modos de vida afetam a produtividade ou as percepções que os clientes têm da qualidade dos produtos de uma empresa afetam esse mesmo consumo.

c) *Inquéritos mistos* – Algumas pesquisas em relações públicas misturam características dos inquéritos descritivos com características dos inquéritos analíticos. Por exemplo, pode-se pretender traçar o perfil dos jornalistas que constituem o público-alvo de uma entidade e avaliar até que ponto a imagem que eles fazem da entidade afeta sua cobertura jornalística.

Usualmente, um questionário não é aplicado a toda a população em estudo (por exemplo, todos os colaboradores de uma organização), mas apenas a uma amostra representativa dela. Nestes casos, um inquérito pode denominar-se *inquérito por sondagem* ou simplesmente *sondagem*.

Escolher uma amostra corresponde à seleção ponderada de várias unidades de sondagem (normalmente indivíduos) dentro de uma população ou de um universo (conjunto total). A precisão estatística, a fiabilidade e a validade de uma sondagem são tanto maiores quanto maior for a dimensão da amostra. Mas as relações que se estabelecem entre a precisão estatística da sondagem e a dimensão da amostra são mais complexas:

- Os procedimentos de seleção da amostra são tão ou mais importantes que a dimensão da amostra para garantir a validade das estimativas. Por exemplo, para ser representativa, uma amostra por quotas dos colaboradores de uma organização deve respeitar a proporção do universo no que se refere a categorias como o setor de atividade, a profissão, o sexo, a idade, o grau de instrução etc.
- A precisão estatística liga-se à dimensão absoluta da amostra e não à relação entre a dimensão da amostra e a população total. Ou seja, apesar de existirem cerca de cinqüenta milhões de franceses e apenas dez milhões de portugueses, uma amostra de mil franceses fornece estimativas tão precisas como uma amostra de mil portugueses sobre as respectivas populações.
- A precisão estatística de uma amostra não varia proporcionalmente em relação à dimensão da amostra. Varia sim em função da raiz quadrada desta última. Por outras palavras, as margens de erro estatístico para uma amostra de quatro mil pessoas e para uma amostra de mil pessoas, por exemplo, não apresentam uma relação de um para quatro mas

sim uma relação de um para dois. Por este motivo, os ganhos de precisão que se podem conseguir aumentando a dimensão de uma amostra nem sempre justificam o esforço suplementar que esta opção representa.

Existem vários métodos que podem ser usados para a seleção de uma amostra.

a) *Amostragem aleatória* – Como o seu próprio nome indica, uma amostragem aleatória é formada por seleção aleatória de indivíduos entre a população. Teoricamente, os métodos aleatórios são os únicos métodos válidos para inferir características da população a partir da amostra e para calcular a precisão desta inferência e a confiança que se lhe pode atribuir, sob a forma de margem de erro provável. O método mais simples de amostragem aleatória consiste em sortear ao acaso indivíduos a partir de uma lista exaustiva deles.

b) *Amostragem por quotas, estratificada ou probabilística* – A amostragem por quotas é um dos métodos que permitem tornear os problemas da amostragem aleatória. Consiste em constituir uma amostra baseada nas características de base da população em relação a idade, sexo, categoria profissional etc. Ou seja, se uma população apresenta 56% de homens e 44% de mulheres, a amostra deve respeitar idêntica proporção. Em princípio, se a amostra é representativa da população estudada, tendo em conta os critérios previamente definidos, também é representativa da população estudada em relação aos itens que estão sendo avaliados.

c) *Amostragem semi-estratificada* – É uma combinação da amostragem estratificada com a amostragem aleatória. É muito usada nas auditorias da comunicação. Depois de determinadas a dimensão da amostra e as quotas de indivíduos a incluir na amostra, em função da profissão, do setor da organização em que trabalham, do nível de instrução etc., aleatoriamente se definem quem serão os indivíduos a serem inquiridos. O chamado *método dos itinerários* é uma variante da amostragem semi-estratificada, consistindo na fixação de

um itinerário para inquirir as pessoas que constituirão a amostra (por exemplo, entrevistar as pessoas de três em três nomes organizados por ordem alfabética, após determinação da dimensão da amostra e da dimensão das quotas).
d) *Amostragem arbitrária* – Este é o método mais falível de amostragem e, como o seu próprio nome indica, consiste na constituição arbitrária e intuitiva de uma amostra. Os indivíduos a inquirir são escolhidos de acordo com aquilo que parece razoável ao entrevistador, em função dos objetivos da sondagem e do tipo de população de que se trata. É um tipo de amostragem usada, por exemplo, para a realização de pré-testes de questionários, para avaliação da adequação deles aos entrevistados etc.

A formulação das perguntas num inquérito é um dos pontos cruciais para que ele seja bem-sucedido. A primeira coisa a ponderar é a extensão do questionário. Quanto maior este for, provavelmente menos pessoas aceitarão responder ao inquérito. O número de perguntas deve, assim, ser o estritamente necessário ao estudo.

Em segundo lugar, há que cuidar das características gerais das perguntas. São vários os cuidados a ter. O questionário deve ser claro. Não pode suscitar ambigüidades. As perguntas não devem apresentar um conteúdo demasiadamente pessoal, suscetível de introduzir maior subjetividade no inquérito. Não se pode perguntar: "Quantas ordens de serviço são um pouco difíceis de entender? Todas, muitas, algumas, nenhuma", pois a palavra "pouco" pode tornar a pergunta ambígua.

O questionário deve circunscrever-se ao estritamente necessário. Se a profissão do entrevistado é irrelevante, não é preciso perguntar sobre ela. Não se devem colocar perguntas impertinentes só porque os resultados podem ser interessantes.

Se a resposta a uma pergunta for, eventualmente, embaraçosa, por exemplo, "Quanto ganha?", é preferível listar opções genéricas, como: "Até 500 reais, entre 500 e 1.500 reais etc.".

As perguntas devem ser simples e acessíveis aos inquiridos. Não podem ser excessivamente técnicas. Também não podem sugerir respostas e não devem conter mais do que uma questão.

Por exemplo, uma pergunta de um inquérito não pode ser formulada interligando duas características hipotéticas: "O jornal da nossa empresa é sensacionalista e divertido. Concorda ou discorda?" Neste caso, as pessoas poderiam estar de acordo quanto ao fato de o jornal ser sensacionalista, mas em desacordo quanto a ser divertido.

Outro tipo de erro comum nas questões é a elaboração de perguntas dirigidas. Por exemplo, "Como a maioria dos funcionários desta empresa costuma ler as ordens de serviço?", pois se está sugerindo ao entrevistado que, se não lê essas ordens de serviço, não é como a maioria dos funcionários. Outro caso de pergunta dirigida é aquele que pressupõe ações passadas ou atuais. Não se pode perguntar a um inquirido: "Ainda lê o jornal da empresa?", pois isso pressupõe que antes o inquirido lia esse jornal (a menos que se trate, obviamente, de um inquérito direcionado a antigos leitores do jornal). Quando há necessidade de avançar opiniões, deve-se ter o cuidado de esclarecer antecipadamente ao entrevistado que há pessoas que têm opiniões diferentes sobre a matéria em causa, pois o entrevistado não pode sentir quaisquer argumentos de autoridade por trás da pergunta.

Não se devem fazer perguntas que impliquem uma informação demasiado minuciosa nem que pressuponham que o inquirido tem uma memória de elefante, como: "No ano passado, quantas circulares você leu?"

O questionário também pode servir para avaliar a sinceridade dos respondentes. Isto se consegue com a introdução de perguntas semelhantes formuladas de maneira diferente.

A ordem das questões também tem de ser ponderada, pois influencia os resultados. Por exemplo, a um colaborador de uma organização pergunta-se primeiro qual é o meio de comunicação preferido para obter instruções e só depois se dissecam as razões da preferência.

A forma de entrevistar também é importante. A entonação deve ser comedida e aproximar-se da "neutralidade". A apresentação do entrevistador também pode influenciar o resultado. O entrevistador deve identificar-se e esclarecer brevemente os propósitos da entrevista.

Um inquérito pode incluir uma única categoria de perguntas ou, pelo contrário, perguntas de vários tipos. As principais categorias de perguntas são as seguintes:

a) *Perguntas abertas* – As perguntas abertas permitem toda a liberdade quanto à forma e extensão da resposta. Por exemplo, pode-se perguntar a um colaborador de uma entidade em que circunstâncias usa a internet, dando-lhe toda a liberdade para ele responder como quiser. A principal vantagem das perguntas abertas é a reduzida influência sobre o entrevistado. O principal inconveniente reside na interpretação das respostas, já que estas tendem para a diversidade, subjetividade e complexidade.

b) *Perguntas fechadas* – Nestas perguntas, o entrevistado pode escolher entre um leque restrito de respostas (escolha múltipla). Por exemplo, pode perguntar-se a um colaborador de uma empresa quais formas ele tem de ocupar os tempos livres, colocando as opções "entreter-se em casa", "entreter-se fora de casa", "participar nas atividades de ocupação dos tempos livres da empresa". As principais vantagens deste tipo de perguntas são, do ponto de vista dos inquiridos, a simplicidade de resposta e, do ponto de vista dos inquiridores, a simplicidade de tratamento das respostas. O principal inconveniente reside na dificuldade de fazer estudos de comportamentos complexos e de atitudes com base nas respostas.

Um questionário organizado unicamente em torno de perguntas fechadas, em inquéritos ou fora deles, denomina-se *questionário estruturado*. Os questionários organizados em torno de perguntas fechadas e abertas denominam-se *questionários semi-estruturados*.

c) *Perguntas pré-formatadas* – Estas perguntas implicam uma escolha limitada de respostas com a possibilidade de, no final, se expressar mais detalhadamente outra resposta. Por exemplo, pode perguntar-se a um colaborador por que razão ingressou na organização, inserindo-se várias respostas possíveis (convite, autoproposta, após um estágio...) e seguidamente incluindo a opção "outra razão (explique)". Este tipo de questões tem a vantagem de facilitar o tratamento e a interpretação das respostas e de ser simples para o entrevistado. O principal inconveniente reside na possibilidade de sugerir ao entrevistado respostas em que ele não tenha pensado.

d) *Escala de atitudes ou escalas de Likert* – As respostas a estas perguntas são dadas pela escolha de determinado valor numa escala. A escolha desse valor depende do grau de acordo, de satisfação etc. do inquirido em relação a determinada afirmação contida na questão que lhe é colocada. Geralmente, as escalas de atitudes são representadas por adjetivos (muito bom, bom, razoável, mau, muito mau), por grau de acordo (muito de acordo, de acordo, neutro, em desacordo, muito em desacordo) ou, menos subjetivamente, por algarismos (de 1 a 5 ou de 1 a 7, para terem um elemento central neutro), ou mesmo por uma escala percentual (de 0 a 100). Por exemplo, numa pesquisa sobre o perfil dos colaboradores de uma entidade pode-se pedir a eles que manifestem o seu grau de satisfação em relação ao seu salário numa escala de 1 a 7, em que 1 corresponde a totalmente insatisfeito e 7, a totalmente satisfeito. A principal vantagem destas questões reside na facilidade de tratamento dos dados e na possibilidade de graduar a opinião dos inquiridos. Os principais inconvenientes residem na dificuldade que alguns entrevistados denotam em graduar a sua opinião e na dificuldade de transformar opiniões qualitativas em escalas quantitativas.

e) *Diferencial semântico* – A técnica do diferencial semântico é um procedimento que se utiliza para medir o significado que um assunto tem para cada indivíduo. Usa-se uma escala de cinco ou sete pontos cujos topos são dois adjetivos opostos. Por exemplo, pode-se pedir às pessoas que avaliem as qualidades dos diferentes modelos de jornal da empresa e usar uma escala de sete pontos em torno dos seguintes pares de adjetivos: profundo/superficial, aborrecido/agradável, claro/confuso etc. As pessoas assinalam na escala o ponto em que pensam que o jornal se encontra em relação a cada categoria, por exemplo: "Claro __; __; __; __; __; __; __ Confuso".

f) *Perguntas de eleição forçada* – Estas perguntas implicam uma escolha forçada entre duas possibilidades emparelhadas, por exemplo: "A empresa deve manter o jornal da empresa/A empresa deve extinguir o jornal da empresa". Quando se usam estas perguntas, geralmente se encontram perguntas similares colocadas de forma diferente ao longo de todo o questionário, o que permite avaliar se o entrevistado está faltando à verdade. A desvantagem destas questões reside nas queixas dos entrevistados de que nenhuma das alternativas reflete exatamente os seus pontos de vista, mas a vantagem é que a análise conjunta das respostas pode fornecer ao pesquisador pistas preciosas sobre percepções, opiniões, atitudes e comportamentos dos inquiridos.

g) *Preenchimento de espaços em branco* – As perguntas que consistem no preenchimento de espaços em branco são por vezes empregadas na auditoria da comunicação. Podem ser usadas, por exemplo, para aferir a capacidade de memorização: "A ordem de serviço que ontem foi difundida na empresa foi sobre _____".

Na seqüência, apresentamos um excerto de um inquérito sobre comunicação interna que usamos em auditorias.

Excerto de questionário usado pelo autor em auditorias da comunicação interna

Sexo
1. Masculino
2. Feminino

Que idade tem?
1. Menos de 20
2. Entre 21 e 30
3. Entre 31 e 40

4. Entre 41 e 50
5. Mais de 51

Qual é a sua vinculação com a empresa?
1. Pessoal do quadro
2. Contratado a prazo

Há quanto tempo se encontra empregado aqui?
1. Menos de um ano
2. Entre 1 e 5 anos
3. Entre 6 e 10 anos
4. Mais de 10 anos

Há quanto tempo ocupa o seu posto atual?
1. Menos de um ano
2. Entre 1 e 5 anos
3. Entre 6 e 10 anos
4. Mais de 10 anos

Qual é o seu nível de responsabilidade na gestão?
1. Não supervisiono ninguém
2. Sou responsável por uma seção
3. Sou responsável por um departamento
4. Sou do quadro diretivo

A que departamento pertence? _____.
Que formação teve para melhorar as suas *competências comunicativas*, dentro ou fora da empresa? (Apenas deve considerar ações de formação relacionadas com a comunicação, por exemplo, um seminário sobre uso do e-mail.)
1. Apenas a formação escolar
2. Freqüentei pelo menos um curso ou seminário
3. Freqüentei entre dois e cinco cursos ou seminários
4. Freqüentei seis ou mais cursos ou seminários

Liste as três melhores coisas na forma como as pessoas se comunicam entre si dentro da empresa:

1. _____
2. _____
3. _____

Liste as três piores coisas na forma como as pessoas se comunicam entre si dentro da empresa:

1. _____
2. _____
3. _____

Na sua opinião, a forma como nos comunicamos:
1. Tem contribuído *muito* para melhorar o clima dentro da empresa e evitar conflitos e problemas.
2. Tem contribuído *muito* para piorar o clima dentro da empresa e provocar conflitos e problemas.
3. Contribui *alguma coisa* para melhorar ou piorar o clima dentro da empresa e para evitar ou provocar conflitos ou problemas.
4. Contribui *pouca coisa* para melhorar ou piorar o clima dentro da empresa e para evitar ou provocar conflitos ou problemas.
5. *Não contribui* para melhorar ou piorar o clima dentro da empresa, nem para evitar ou provocar conflitos ou problemas.

O que pensa da quantidade de informação que recebe e precisa receber das seguintes fontes?

Chave: 1 – Nenhuma
          2 – Pouca
          3 – Alguma
          4 – Muita
          5 – Muitíssima

	Quantidade de informação que recebe	Quantidade de informação de que precisa
Colegas	1 2 3 4 5	1 2 3 4 5
Chefe da sua seção	1 2 3 4 5	1 2 3 4 5
Diretor do seu departamento	1 2 3 4 5	1 2 3 4 5
Departamento de produção	1 2 3 4 5	1 2 3 4 5
Departamento técnico	1 2 3 4 5	1 2 3 4 5
Departamento de recursos humanos	1 2 3 4 5	1 2 3 4 5
Departamento financeiro/Contabilidade	1 2 3 4 5	1 2 3 4 5
Departamento de marketing	1 2 3 4 5	1 2 3 4 5
Departamento de comunicação	1 2 3 4 5	1 2 3 4 5
Aprovisionamento e economato	1 2 3 4 5	1 2 3 4 5
Tesouraria	1 2 3 4 5	1 2 3 4 5
Secretaria	1 2 3 4 5	1 2 3 4 5
Administração	1 2 3 4 5	1 2 3 4 5

Quando se elaboram questionários, é preciso fazer um pré-teste para garantir a sua fiabilidade e validade.

Há que dizer, ainda, que os dados coletados num inquérito devem ser sempre tratados com ponderação e a sua interpretação deve ser comedida. Os entrevistados não dizem sempre o que fazem (até mesmo porque podem ter vergonha de o dizer) nem fazem sempre o que dizem. Além disso, efeitos como o *efeito de atrelado* podem levar, por exemplo, a que, num inquérito, os entrevistados critiquem a administração de uma empresa porque "todos criticam", mas acabem por apoiar as medidas que os administradores tomem. Apesar disso, normalmente se considera a existência de duas fontes predominantes de erro nos inquéritos por sondagem: os *erros de amostragem* e os *erros de coleta de informação*.

Uma variante dos inquéritos é o *modelo Ecco*[4], destinado a aferir distorções de informação. Os colaboradores são convidados a preencher um inquérito em que se incluem, em perguntas fechadas, informações diferentes e contraditórias, entre as quais somente uma é verdadeira, para aferir se a informação chegou aos colaboradores sem distorções. Interrogam-se também os colaboradores sobre o meio que usaram para obter a informação pela primeira vez e quando souberam da informação pela primeira vez, o que permite aferir a rapidez e a utilidade dos meios e canais de comunicação.

Outra modalidade de inquérito é o chamado *diário de experiências de comunicação*, em que se pede a uma amostra de indivíduos que preencham dois ou três questionários por dia sobre outras tantas experiências comunicacionais típicas e relevantes do seu cotidiano (normalmente reservadas às experiências comunicacionais por telefone ou pessoalmente). Esses questionários incluem questões sobre com quem se comunicou, a duração do ato comunicativo, a utilidade dele, o assunto, a facilidade na expressão do interlocutor, a existência de *feedback* etc.

ENTREVISTAS EM PROFUNDIDADE

A finalidade da entrevista em profundidade é obter de uma pessoa dados relevantes para a auditoria que se está realizando. A sua principal vantagem, como o nome indica, reside na possibilidade de obter informações pormenorizadas e aprofundadas sobre valores, experiências, sentimentos, motivações, idéias, opiniões, comportamentos etc. dos entrevistados.

Antes de se proceder à entrevista, deve-se preparar um modelo de perguntas a colocar e tópicos a desenvolver, organi-

---

4. Análise Ecco (Episodic Communication Channels in Organizations) ou análise de transmissão de mensagens, desenvolvida por Keith Davis, em 1952, para verificar como as mensagens circulam nas organizações tanto na rede formal quanto na informal, e como se cruzam. [N. E.]

zados em núcleos temáticos. Imagine-se que se pretende entrevistar em profundidade uma amostra de colaboradores de uma organização, no âmbito de uma auditoria da comunicação interna. A estrutura do questionário (modelo do entrevistador) poderia ser a que apresentamos na seqüência.

Modelo para entrevista sobre comunicação interna

1) Descrição da função do entrevistado.
2) Tipo de decisões que o entrevistado toma habitualmente.
3) De que informação necessita o entrevistado para tomar as decisões habituais?
4) De que fontes?
5) Da informação de que necessita, que informação normalmente obtém (por fontes)?
6) A informação é providenciada a pedido do entrevistado ou por iniciativa da fonte (por fontes)?
7) A informação é dada formal ou informalmente (por fontes)?
8) Há regras estabelecidas para os fluxos de informação?
9) Para o entrevistado, há regras, formas ou meios de comunicar que deveriam ser estabelecidos, modificados ou abandonados? Que meios, formas ou regras?
10) Na óptica do entrevistado, quais são os principais pontos fortes da comunicação feita dentro da organização?
11) Quais são, segundo o entrevistado, os principais pontos fracos da comunicação feita dentro da organização?
12) Quais são os canais formais pelos quais o entrevistado recebe informação e de que fontes ela provém? Com que freqüência recebe informação formal das diferentes fontes? Quais são os tópicos principais da comunicação formal, em função das fontes?
13) Quais são os canais informais pelos quais o entrevistado recebe informação e de que fontes ela provém? Com que freqüência recebe informação informal das diferentes fontes? Quais são os tópicos principais da comunicação informal, em função das fontes?

14) Com que freqüência, e de que fontes, o entrevistado recebe informação com muita valia para si e para o seu trabalho? Que tipo de informação?
15) Com que freqüência, e de que fontes, o entrevistado recebe informação com nenhuma ou pouca valia para si e para o seu trabalho? Que tipo de informação?
16) De que forma, na óptica do entrevistado, a comunicação poderia ser melhorada? Por que razão essas medidas nunca foram implementadas?
17) Descrição da forma como as decisões são tomadas dentro da organização e do grau de implicação comunicacional do entrevistado no processo.
18) Quais são as principais causas de conflitos dentro da organização, segundo o entrevistado? Em conformidade com o entrevistado, haverá conflitos com raízes na comunicação, na falta dela, ou na adulteração (mesmo que não intencional) das mensagens? Como prevenir conflitos na organização usando a comunicação?
19) Como são resolvidos os conflitos na organização, segundo o entrevistado? De que forma a comunicação é ou pode ser usada para resolver esses conflitos?
20) Descrição das relações de comunicação típicas com colegas, superiores hierárquicos (diretos e de topo) e subordinados (diretos e indiretos), meios usados, objetivos alcançados e não alcançados (eficácia ou ineficácia das relações comunicacionais).

O fato de o questionário para a entrevista ser estruturado não implica que seja inflexível. O modelo deve adaptar-se ao desenrolar da entrevista. A entrevista em profundidade pode não se restringir exclusivamente aos tópicos preparados. Várias questões podem surgir com o decorrer da entrevista.

Os temas a desenvolver numa entrevista em profundidade devem limitar-se àqueles que são pertinentes para a auditoria. Além disso, as questões devem ser formuladas com clareza, não podem ser dirigidas ou avaliativas (nomeadamente, acerca daquilo que o entrevistado disser) e devem ser acessíveis aos conhecimentos, às competências e à memória do entrevistado. As palavras usadas têm de ser devidamente ponderadas, assim como a ordem das questões. Podem-se fazer pré-testes do questionário, tal como se faz para os inquéritos, para evitar problemas durante a entrevista e verificar a aplicabilidade e pertinência das questões.

Deve-se evitar associar nomes de organizações ou pessoas de prestígio às perguntas, como: "Gosta de golfe, desporto favorito do presidente da administração?"

Antes da entrevista, o entrevistado deve ser colocado ao corrente dos propósitos dela e do que se fará com os dados. Quando solicitado ou necessário, deve ser garantido o anonimato.

O entrevistador deve ser paciente, afável quanto baste e, acima de tudo, deve praticar a escuta ativa, isto é, seguir com muita atenção o entrevistado, até mesmo para poder intervir caso seja oportuno. A presença física do entrevistado impõe também ao entrevistador gestos convidativos, expressões faciais que demonstrem interesse e consideração, respostas fáticas (por exemplo, dizer "Hum, hum", como expressão de assentimento), contato ocular, eventualmente algum contato físico para demonstrar calor humano (uma pancadinha no braço, por exemplo) etc.

Durante a entrevista, diferentes modalidades de questões podem ser dirigidas ao entrevistado. Além das questões diretas, pode-se confirmar o sentido das respostas do entrevistado com perguntas do tipo "Se eu compreendi bem as suas palavras, você disse que xxxxxxx"; quando o objetivo é levar o entrevistado a detalhar uma resposta, a questão deve se assentar no "porquê".

Normalmente, a entrevista em profundidade é usada em articulação com outros métodos ou com outras entrevistas em profundidade, podendo ser articulada com a observação participante, com inquéritos etc.

O tempo, geralmente dilatado, que se despende realizando entrevistas em profundidade leva a que elas geralmente sejam utilizadas apenas quando as amostras de pessoas a entrevistar são pequenas ou então mais como fator de confirmação e esclarecimento de certos dados do que como método isolado de obtenção de informações.

Como qualquer entrevista, também as entrevistas em profundidade devem realizar-se num espaço o mais neutro possível, mas suficientemente acolhedor e confortável para que o entrevistado se sinta bem e possa tornar-se expansivo. Não é de ignorar que as entrevistas em profundidade podem se prolongar por horas ou às vezes por dias, em diferentes sessões.

Uma das principais funções do entrevistador é fazer o entrevistado falar, especialmente quando este é lacônico. Porém, o inverso não é totalmente verdadeiro, isto é, pode-se deixar falar à vontade um entrevistado prolixo, especialmente se não existirem constrangimentos temporais à entrevista. O entrevistador também deve procurar manter-se tão neutro quanto possível, para interferir o mínimo possível nas respostas e reações do entrevistado. O objetivo do investigador é coletar dados para a pesquisa e não debater qualquer tema com o entrevistado.

As entrevistas em profundidade devem ser registradas em vídeo ou áudio, com consentimento do entrevistado, para posterior categorização e interpretação dos dados coletados. O auditor deve evitar fazer anotações durante a entrevista, pois isto pode inibir ou incomodar o entrevistado.

Os dados recolhidos devem ser registrados, sistematizados e categorizados para posterior análise e interpretação. É de realçar que as entrevistas em profundidade podem possibilitar a obtenção de dados quantificáveis, se forem conciliadas com uma análise de conteúdo. Por exemplo, é possível quantificar o número de referências a determinadas pessoas, entidades, fenômenos ou conceitos, se isso for de interesse para a auditoria.

Grupos de foco[5]

O método do "grupo de foco", também designado por método do "grupo de discussão" ou ainda método das "entrevistas de grupo", é semelhante à entrevista, mas desenvolve-se de for-

---

5. No Brasil, se utiliza mais a terminologia "grupos focais". [N. do E.]

ma diferente, já que o entrevistador funciona como moderador de um debate, lançando temas para a mesa, que são discutidos entre os participantes. É ainda tarefa do moderador "calar os faladores e fazer os calados falar".

Assim, tal como ocorre com a entrevista, devem ser selecionados os participantes e preparadas as questões a debater. O que acontece durante a discussão deve ser registrado por alguém que não o moderador. Eventualmente, também pode ser providenciado o registro em vídeo ou áudio. A tarefa do auditor é categorizar e interpretar os excertos significativos das intervenções dos participantes no grupo de foco.

Os participantes devem ser escolhidos em função da sua representatividade, de maneira que constituam uma amostra válida da população que se pretende estudar. É conveniente que o número de participantes não exceda oito a dez e não seja inferior a quatro (aliás, quatro a seis participantes talvez seja o número ideal, pois um grupo com mais participantes é difícil de gerir e a discussão prolonga-se cansativamente no tempo).

Depois de selecionados os participantes e de obtida a sua concordância para participar no debate, o pesquisador combina com eles a hora e o local.

As questões devem ser colocadas numa ordem predeterminada, em função dos resultados que se pretende obter. Porém, no decorrer do debate, o auditor pode fazer algumas alterações nessa ordem, em face das vicissitudes do próprio debate.

Uma variação deste método consiste em repetir o debate com mais de um grupo, o que permite avaliar melhor a fiabilidade e a validade dos resultados.

As entrevistas de grupo raramente são realizadas de forma isolada, mas sim articuladas com outros métodos. Aliás, como se sabe, por vezes as pessoas tendem a calar-se quando estão ou julgam estar em minoria ou isoladas. Por isso, uma das formas de contrabalançar esta tendência consiste em questionar os entrevistados acerca do tema antes de o debate começar, forçando-os a assumir a sua posição, os seus valores e as suas convicções. De qualquer maneira, no calor do debate é mais provável que os entrevistados se comportem de forma mais desinibida do que sucede nas entrevistas em profundidade. Além disso, os debates beneficiam-se do efeito "bola de neve", pois determinadas respostas podem originar novas interrogações ou reações significantes por parte dos participantes.

Tal como ocorre com as entrevistas, os principais inconvenientes do recurso a grupos de foco são: (a) a dificuldade de quantificação dos dados eventualmente recolhidos (e isto quando se pode fazer alguma quantificação); (b) a possibilidade de alguns indivíduos monopolizarem o debate; (c) a dificuldade de selecionar amostras representativas de populações grandes que não excedam oito a dez pessoas; e (d) a possibilidade de as características físicas do local interferirem no comportamento dos entrevistados.

ANÁLISE DE DOCUMENTOS (ANÁLISE DO DISCURSO)

A análise documental consiste na análise de documentos em vários suportes (papel, vídeo, áudio, arquivos digitais etc.) que possam ser úteis à auditoria. Para esse efeito, o auditor identifica, localiza, recolhe, seleciona, descreve e analisa documentos de interesse para a sua pesquisa.

A análise documental corresponde, em grande medida, àquilo que nas ciências sociais e humanas se designa por análise do discurso, podendo assumir uma faceta qualitativa ou quantitativa e, neste caso, se consubstanciando naquilo que se designa por análise de conteúdo.

Por exemplo, para avaliar os processos de comunicação escrita dentro de uma organização, o pesquisador deve coletar e analisar uma amostra de documentos escritos que circulem no seio dela. Posteriormente, em função dos objetivos da auditoria, pode se preocupar em verificar se a linguagem é complexa ou simples, se as regras gramaticais são respeitadas etc.

A análise documental deve ser efetuada com base numa *grelha de análise*, definida pelo auditor. Este deve procurar individualizar, circunscrever e definir os itens que vai analisar nos documentos que se propõe analisar. À medida que progride na análise, documento a documento, deve registrar os dados respeitantes a cada item. Por exemplo, imagine-se que se está estudando a forma como se apresentam as ordens de serviço. Seria importante que na grelha de análise o auditor incluísse itens como a clareza das instruções, a simplicidade das instruções etc.

Por vezes, no contexto de uma auditoria, torna-se relevante avançar para uma análise quantitativa do discurso (análise de conteúdo). Por exemplo, no jornal de uma organização pode-se contabilizar o número de notícias em que os protagonistas são administradores, chefias intermédias ou colaboradores de base, para avaliar a representatividade dos diferentes estratos organizacionais nas notícias. Noutro exemplo, também pode ser feita uma análise de conteúdo para aferir variáveis da imagem externa da entidade, como o volume da presença da organização, seus produtos e serviços nos meios de comunicação social e a percentagem de notícias sobre a organização que são positivas, neutras e negativas.

Os procedimentos essenciais da análise quantitativa do discurso são: (1) a *identificação dos pontos substantivos de um discurso*; (2) a *definição das unidades de análise* (na análise de meios de comunicação, normalmente a unidade de análise é a notícia); (3) a *criação de categorias para classificação das unidades de análise*; (4) a seleção *de amostra e delimitação do* corpus *de análise no tempo e no espaço*; (5) a *categorização* (fase em que se distribuem as unidades de análise pelas categorias criadas); e (6) o *processamento, a análise e interpretação dos dados*.

Observação direta

A observação direta, também designada por "observação participante" ou ainda "observação etnográfica", é um dos métodos usados na auditoria da comunicação. Consiste na imersão do auditor (observador) no meio que pretende observar, durante um ou vários períodos de tempo. Normalmente, a imersão se faz por períodos dilatados, pois só assim o pesquisador pode se integrar efetivamente no meio sociocultural que vai observar.

Por exemplo, para estudar as interações comunicacionais numa organização, um auditor pode permanecer determinado período de tempo em cada um dos setores dessa organização, observando e registrando os meios de comunicação usados, os comportamentos e as atitudes visíveis dos colaboradores em face dos meios e dos conteúdos (procurando encontrar padrões e rotinas), as idéias e opiniões que os colaboradores emitem, a forma como trocam informações, quem decide o quê etc.

Apesar da denominação, a observação direta não exclui o recurso a instrumentos como as câmeras de vídeo.

A observação pode variar entre a abertura e a dissimulação. No primeiro caso, o auditor faz-se notar e os colaboradores observados encontram-se a par da sua identidade e missão; no segundo caso, o observador procura dissimular a observação e nem sempre os colaboradores observados se inteiram acerca da sua identidade e missão.

O grau de participação do auditor (observador) na ação observada também pode variar. O observador pode tentar excluir-se de toda a ação que se desenvolve à sua volta, restringindo o seu papel à observação; ou pode converter-se em mais um dos participantes na ação observada, colocando questões, suscitando diálogos etc.

A observação direta possibilita estudar os fenômenos no seu ambiente. Há mesmo problemas comunicacionais que dificilmente podem ser estudados excluindo-se a observação direta. Além disso, a observação direta ajuda, freqüentemente, a isolar e relacionar variáveis, a comprovar ou contextualizar hipóteses, a descrever detalhes e matizes difíceis de descortinar de outro modo etc. Outra vantagem consiste na possibilidade de coleta direta de informação, sem necessidade de intermediários, do recurso a inquéritos etc. Inclusivamente, usa-se bastante a observação participante para complementar inquéritos. Por exemplo, numa organização, os colaboradores em geral podem responder num inquérito que têm um elevado grau de intervenção na vida organizacional, mas a observação participante pode contradizer essa indicação, evidenciando que essa intervenção é reduzida.

Entre os principais inconvenientes da observação direta conta-se o fato de ela depender, em grande medida, da capacidade, das percepções e dos juízos dos observadores. Outro dos inconvenientes da observação participante resulta da dificuldade de quantificação dos dados recolhidos. Outro inconveniente da observação direta reside na possibilidade de os observados alterarem o comportamento ao saber que estão sendo observados.

A observação direta tem, pelo menos, as seguintes fases, não necessariamente em seqüência: (1) *escolha dos locais da organização a observar*; (2) *definição do tipo de observação a fazer* (mais "escondida" ou mais "assumida"); (3) *seleção dos pontos de observação* (posicionamento do observador); (4) *seleção das pessoas e ações a observar*; (5) *elaboração de grelha para registro de dados*; (6) *coleta de dados* (observação propriamente dita); (7) *sistematização dos dados recolhidos*; (8) *processamento, análise e interpretação dos dados*.

Outros métodos

Há vários outros métodos de auditoria que podem ser usados:

a) *Método dos papéis sociais* – Consiste em estudar os diferentes papéis sociais desempenhados cotidianamente pelos indivíduos nas organizações, com repercussões no nível da comunicação, da cultura e do clima internos.

b) *Método das histórias de vida* – Consiste em traçar a biografia de determinadas personalidades marcantes da vida organizacional (por exemplo, os fundadores da organização e outras personalidades "míticas"), observando como a sua ação refletiu ou reflete na comunicação, na cultura e no clima internos.

c) *Sociografia* – Permite visualizar as relações de comunicação estabelecidas, identificando personagens centrais nas redes de comunicação, personagens isoladas, subgrupos etc., como no exemplo da seqüência.

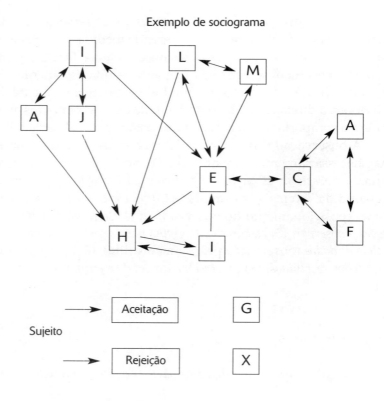

Exemplo de sociograma

Para fazer um *mapa sociográfico*, ou *sociograma*, é preciso proceder a inquéritos em que as pessoas respondam quem escolheram ou escolhem e quem não escolheram nem escolheriam para obter informações sobre determinados assuntos, para desempenhar determinadas tarefas etc. O mapa permite visualizar quais são os elementos centrais ("populares") e laterais dos processos comunicativos, quais são os subgrupos de comunicação, bem como quem são os elementos impopulares. Por exemplo, no mapa anterior, é fácil perceber que E seria o elemento mais central e "popular" entre todos (possivelmente um líder de opinião), que H seria o elemento mais "impopular", que A+B+J formam um subgrupo, ocorrendo o mesmo com C+D+F e com L+M+E. G estaria totalmente isolado no contexto do grupo, tal como I, embora este admita relacionamento com E.

d) *Método do "cliente-mistério"* – Usado, principalmente, no âmbito do marketing. Alguns auditores atuam como compradores (por exemplo, num supermercado) e anotam os comportamentos, a utilização dos meios de comunicação etc. É uma forma de "auditoria encoberta" que combina a observação direta com a encenação. Muitas vezes, os competidores fazem isto uns com os outros, para observar o que a concorrência está fazendo.

Considerações finais

A falta de qualidade na comunicação pode criar problemas a uma organização. Documentos longos e incompreensíveis, regulamentos que bloqueiam a ação organizacional, reuniões aborrecedoras, mas freqüentes, transformadas em autênticas maratonas, a proliferação de comissões improdutivas são apenas alguns dos exemplos de más práticas comunicacionais que podem prejudicar qualquer organização.

Por outro lado, a qualidade na comunicação rende dividendos e gera um bom clima organizacional interno. Uma política de recursos humanos estimulante e compensadora, a acessibilidade e a cordialidade dos gestores de topo, a disponibilidade para atender a entidades externas, o *feedback* e a receptividade às solicitações dos públicos externos são apenas alguns dos exemplos de boas práticas comunicacionais que podem contribuir para o sucesso organizacional.

Assim, auditar a forma como se dá a comunicação nas organizações e a eficácia das ações comunicativas gera informação que pode ser usada para melhorias notórias no processo comunicacional. Se as auditorias forem sistemáticas e integradas numa política eficaz e eficiente de relações públicas, os resultados das auditorias passadas podem ser confrontados com os resultados da auditoria presente, funcionando cada auditoria como uma referência para a história comunicacional da entidade e para o balanço entre o investimento realizado na comunicação e os proveitos que este produz.

Assim, no geral, pode-se concluir que uma auditoria da comunicação é vantajosa para as organizações, especialmente quando é realizada no âmbito de uma política sistemática de relações públicas ("de comunicação"), pelos seguintes fatores:

1) Convertem-se percepções e mensagens subjetivas e "intangíveis" em dados objetivos e, freqüentemente, quantificados.
2) Os colaboradores e os públicos externos são ouvidos, o que aumenta a motivação, fomenta o espírito de corpo e pode revelar-se uma fonte de boas idéias para a organização.
3) Obstáculos comunicacionais ao sucesso organizacional são identificados, podendo ser ultrapassados.
4) Problemas comunicacionais são revelados, podendo ser resolvidos.
5) Os canais de comunicação informais e laterais são comparados com o organograma organizacional e os sistemas comunicacionais da organização, facilitando a detecção de fatores de distorção e retenção das mensagens.
6) O grau de compreensão dos objetivos e da vida organizacional por parte dos seus colaboradores e dos públicos externos é determinado, permitindo intervenções mais bem-sucedidas no nível da cultura organizacional e da imagem interna e externa da organização.
7) Finalmente, diagnostica-se o estado da auto-imagem e da imagem externa da organização, dos seus colaboradores, produtos e serviços, permitindo à direção tomar as medidas que considere mais adequadas.

Referências bibliográficas

ANDERSON, N. et al. Management team innovation. *Management Decision*, 30, p. 17-21, 1992.
ARFIN, F. N. *Finantial public relations*. Filadélfia: Trans-Atlantic, 1994.
BEDIEN, A. *Organizations: theory and analysis*. Hinsdale: The Dryden Press, 1980.
BOWMAN, P. *Handbook of finantial public relations*. Newton: Butterworth-Heinemann, 1993.

BURNETT, J. e MORIARTY, S. *Introduction to marketing communication: an integrated approach*. Upper Saddle River: Prentice Hall, 1998.

CAMPITT, P. e DOWNS, C. Employee perceptions of the relationship between communication and productivity: a field study. *Journal of Business Communication*, 30, p. 5-28, 1993.

CAPRIOTTI, P. *Planificación estratégica de la imagen corporativa*. Barcelona: Ariel, 1999.

DENNIS, H. The construction of a managerial communication climate inventory for use in complex organizations [Paper]. International Communication Association Congress, Chicago, 1975.

DENNIS, L. B. (ed.). *Practical public affairs in an era of change*. Lanham: University Press of America, 1996.

DUNCAN, T. e MORIARTRY, S. *Driving brand value: using integrated marketing to manage profitable stakeholder relationships*. Nova York: McGraw Hill, 1997.

FALCIONE, R. et al. Communication climate in organizations. In: JABLIN, F. et al. (eds.). *Handbook of organizational communication*. Newbury Park: Sage, 1987.

GOLDHABER, G. M. e ROGERS, D. P. *Auditing organizational communication systems: the ICA communication audit*. Dubuque: Kendall/Hunt, 1979.

GOULDHABER, S. *Organizational communication*. 6. ed. Madison: WCB Brown and Benchmark, 1993.

GRUNIG, J. E. (ed.). *Excellence in public relations and communication management*. Mahwah: Lawrence Erlbaum Associates, 1992.

GRUNIG, L. A. e GRUNIG, J. E. *Manager's guide to excellence in public relations and communication management*. Mahwah: Lawrence Erlbaum, 1995.

HARGIE, O. e TOURISH, D. Auditing internal communication to build business success. *Internal Communication Focus*, p. 10-14, nov. 1996a.

_____. Auditing communication practices to improve the management of human resources: a regional study. *Health Services Management Research*, 9, p. 209-222, 1996b.

HARRIS, T. L. *Marketer's guide to public relations: how today's top companies are using the new PR to gain a competitive edge*. Nova York: Wiley, 1993.

HENRY, N. *Public administration and public affairs*. Englewood Cliffs: Prentice Hall, 1995.

HOLTZ, S. *Public relations on the internet: winning strategies to inform and influence the media, the investment community, the government, the public, and more!* Nova York: Amacom, 1999.

HOWARD, C. e MATHEWS, W. *On deadline: managing media relations*. 2. ed. Prospect Heights: Waveland, 1994.

JANAL, D. S. *Online marketing handbook*. Nova York: Van Nostrand Reinhold, 1995.

LAMMERS, J. The organizational climate of hospitals: sectional and national differences [Paper]. International Communication Association, Sydney, 1994.

LEVINE, M. *Guerilla PR: how to wage an effective publicity campaign without being broke*. Nova York: Harper Business, 1994.

LUTHANS, F. e LARSEN, J. How managers really communicate. *Human Relations*, 39, p. 161-78, 1986.

MARCUS, B. W. e WALLACE, S. L. *New dimensions in investor relations: competing for capital in the 21st century*. Nova York: John Wiley & Sons, 1998.

MINTZBERG, H. *Mintzberg on management*. Nova York: The Free Press, 1989.

MURPHY, J. H. & CUNNINGHAM, I. *Marketing communications management*. Lincolnwood: NTC Contemporary Books, 1999.

PETTIGREW, A. et al. Shaping strategic change: the case of the NHS. *Public Money and Management*, 12, p. 27-32, 1992.

REDDING, W. *Communication within the organization: an interpretive review of theory and research*. Nova York: Industrial Communication Council, 1972.

SANZ DE LA TAJADA, L. A. *Integración de la identidad y la imagen de las empresas*. Madri: ESIC, 1994.

SIMS, H. e LORENZI, P. *The new leadership paradigm: social learning and cognition in organizations*. Londres: Sage, 1992.

SOTELO ENRÍQUEZ, C. *Introducción a la comunicación institucional*. Barcelona: Ariel, 2001.

SOUSA, J. P. *Planificando a comunicação em relações públicas*. Florianópolis: Secco/Letras Contemporâneas, 2004.

SPURGEON, P. e BARWELL, F. *Implementing change in the NHS*. Londres: Chapman & Hall, 1991.

STRICK, M. *Spin: how to turn the power of the press to your advantage*. Washington: Regnery Publishing, 1998.

TAGGERT, P. e ALEXANDER, R. *Taking your company public*. Nova York: Amacom, 1991.

TOURISH, D. The god that failed: replacing visionary leadership with open communication. *Australian Journal of Communication*, 25, p. 99-114, 1998.

TOURISH, D. e HARGIE, O. (eds.). *Handbook of communication: audits for organisations*. Londres: Routledge, 2000c.

_____. Auditing communication to maximise performance. In: _____. (eds.). *Handbook of communication: audits for organisations*. Londres: Routledge, 2000b. p. 22-41.

_____. Communication and organisational success. In: _____. (eds.). *Handbook of communication: audits for organisations*. Londres: Routledge, 2000a. p. 3-21.

TOURISH, D. e TOURISH, B. Assessing staff-management relationships in local authority leisure facilities: the communication audit approach. *Managing Leisure: An International Journal*, 1, p. 91-104, 1996.

VILLAFAÑE, J. *Imagen positiva: gestión estratégica de la imagen de las empresas.* Madri: Pirámide, 1993.

WILCOX, D. L. et al. *Relaciones públicas: estrategias y tácticas.* 6. ed. Madri: Pearson Education, 2001.

WYNNE, B. Internal communications. *Training and Development*, 8, p. 8-30, 1990.

4

A INFORMAÇÃO EM RELAÇÕES PÚBLICAS

ROBERTO PORTO SIMÕES*

> *Toda profissão tem um propósito moral.*
> *A Medicina tem a Saúde.*
> *O Direito tem a Justiça.*
> *Relações Públicas tem a Harmonia – a harmonia social.*
> (Seib e Fitzpatrick, 1995)

As proposições deste texto objetivam complementar a rede teórica contida em relações públicas: *função política* e *relações públicas e micropolítica* (Simões, 1995 e 2001), desta feita desenvolvendo a premissa de informação como matéria-prima – ou primeira – da atividade de relações públicas. Entenda-se por matéria-prima o que é transformado pelo trabalho do homem para determinado fim. Trata-se do princípio fundamental do qual procedem todos os seres do mundo físico e que, com a forma, constituem os corpos.

Observa-se, nesta introdução, que a matéria-prima de qualquer atividade humana se constitui no corpo de uma disciplina humana. Isto é o que ocorre em relações públicas com relação à informação. A atividade de relações públicas é aqui definida como "a gestão da função organizacional política", da qual a co-

---

* O artigo teve a colaboração de Bárbara Lorenzato, bolsista de iniciação científica do CNPq/PUCRS.

municação faz parte como meio e jamais como fim. Não há qualquer demérito científico para a comunicação, como processo e resultante, que se venha apenas a considerá-la como a aparência da atividade, enquanto a relação de poder se caracteriza como a essência. Neste quadro de referência, relações públicas são uma função organizacional companheira das funções de produção, financeira, marketing, pesquisa e desenvolvimento (P&D), recursos humanos e administração geral.

O conceito de informação
na bibliografia de relações públicas

Faz-se aqui a revisão crítica de algumas obras que contêm, explicitamente, o conceito de informação como integrante da disciplina e da prática da atividade. Compreender o significado e a natureza desse conceito e caracterizar sua utilização em relações públicas defronta-se com um problema de lógica: como demonstrar a relação, desenvolvendo um teorema dedutivo desses dois axiomas, se as duas variáveis do tema não têm definição conceitual consensual em suas comunidades científicas, dando fundamentos ao tratado que se deseja relatar aos iniciados nos dois temas. As premissas quanto à definição de informação e de relações públicas são várias, todas se caracterizando pela ambigüidade e dificultando a elaboração do conhecimento e da prática da atividade.

Trata-se de tarefa difícil, mas não impossível. Superar o desafio de atingir o objetivo é algo factível, desde que se abandone a óptica da definição conceitual e se caracterize sua natureza. Então, neste limite de compreensão do conceito, elaboram-se os vínculos entre relações públicas e informação, permitindo que se compreenda o processo de relações públicas e se tenha condições de prognosticá-lo, intervir nele e controlá-lo.

É do senso comum, na comunidade de pesquisadores, professores de relações públicas e, talvez, de muitos profissionais, a existência do conceito de informação na teoria e no exercício profissional dessa ciência e atividade. Confirmam esta idéia as históricas proposições "o público que se dane", "o público deve ser informado", "o público quer ser informado" e, por fim, "o público exige ser informado".

A revisão crítica de textos sobre o tema possivelmente surpreenda aqueles que têm inquietude intelectual quanto a ele. Professores, profissionais e alunos, em inúmeras ocasiões, citam o conceito de informação e o integram de forma aleatória em seus discursos. Fazem-no sem se dar conta de sua relevância teórica e prática. Fala-se muito em comunicação, utiliza-se este termo em diversos sentidos, mas não se cita a essência do processo de comunicação: a informação.

Revisão crítica de textos sobre o tema

Este texto, após selecionar citações sobre informação, em amostra aleatória de obras de relações públicas, busca identificar proposições testemunhais, explícitas ou implícitas, deste conceito, da sua natureza e de sua utilização em relações públicas, seja na teoria seja na prática, visando comprovar que outros autores já falavam em informação, porém sem defini-la e colocá-la em uma rede teórica integradora.

Uma crítica que pode ser feita é dizer que a representatividade dessas obras é insignificante no contexto mundial, que a amostra não tem validade. Contudo, se assim fosse, seriam todos, acadêmicos e profissionais brasileiros, limitados em suas fontes de conhecimento, pois essas obras compreendem a maior parte das existentes nas livrarias e bibliotecas brasileiras.

Apresentam-se, a seguir, alguns exemplos de citações que contêm o termo "informação", analisando-se os autores e suas contribuições para o conhecimento científico de relações públicas sob três critérios:

- Informação como matéria-prima de relações públicas.
- Informação como meio para atingir os objetivos de relações públicas.
- Informação localizada nos canais do processo de comunicação, tanto em via de mão única como em via de mão dupla.

Apesar de a quase totalidade das citações se enquadrar nos três aspectos, todos os três critérios, expostos segundo a óptica cronológica das publicações, evitam conotar as citações com outros critérios valorativos. Difícil é apresentar todas essas citações dando fluidez ao texto. Esta exposição, assim feita, identifica, em detalhes, a contribuição dos autores citados.

INFORMAÇÃO COMO MATÉRIA-PRIMA DE RELAÇÕES PÚBLICAS

O primeiro grupo é o dos autores que, explícita ou implicitamente, apresentam a informação como a essência ou a matéria-prima de relações públicas, indo ao encontro da tese deste trabalho.

Comecemos com Bullis (apud Griswold e Griswold, 1948, p. 31), que, no seu pioneirismo, já asseverava: "Informação, antes de tudo, é a matéria-prima das relações públicas". Naquela época, a informação fazia parte do discurso de relações públicas. Talvez seja válido dizer que isto já ocorria mesmo antes. Faltou referencial bibliográfico para confirmar esta assertiva.

Dezesseis anos depois – não significando isso que antes não tenha havido outros autores falando sobre o tema –, Chaumely e Huisman (1964, p. 18) escrevem: "A imensa vantagem, o benefício insubstituível da informação exata largamente difundida, é o que constitui a essência das relações públicas". Nesta citação, o termo "matéria-prima" é substituído pelo de "essência", considerado sinônimo do anterior. Esta troca irá ocorrer em outras citações.

Segue-se Penteado (1968, p. 27), muito conciso: "A essência das relações públicas é a informação ao público". Este autor também faz a troca dos termos. A idéia permanece a mesma. Depois Coqueiro (1972, p. 82) junta-se ao grupo e acrescenta o termo "elemento básico", provocando uma redundância que em nada desqualifica a idéia da matéria-prima ou essência: "A informação [...] é a matéria-prima e o elemento básico de relações públicas". E desta primeira amostra participa também Wey (1986, p. 12): "A informação – mais do que qualquer outro dado – é que constitui o objeto essencial das relações públicas".

São maneiras diferentes de afirmar um princípio cujo significado é um só. Seis autores de relações públicas propondo o mesmo princípio básico, mas cada um com seu estilo redacional. Este é um problema das ciências sociais e, entre elas, das relações públicas, que somente será superado quando a comunidade científica desta área do conhecimento, após inúmeras pesquisas, sintetizar os seus conhecimentos em um manual.

INFORMAÇÃO COMO MEIO PARA ATINGIR OS OBJETIVOS DE RELAÇÕES PÚBLICAS

O segundo grupo contém citações que, de uma maneira ou de outra, vinculam a informação e sua função à consecução dos objetivos de relações públicas. Utilizando o mesmo critério de precedência histórica, encontram-se em primeiro lugar Nielander e Miller (1961, p. 182): "Todos os negócios têm a responsabilidade de manter bem informado o público em geral sobre suas atividades. Se os públicos suspeitarem de algum aspecto relevante, trará problemas para o negócio". Esses autores, em um posicionamento normativo, ao dizer "têm a responsabilidade", integram o aspecto técnico ao ético e salientam o resultado negativo se ocorrer a falta de informação no sistema organização–públicos.

Andrade (1965, p. 34), um dos pioneiros do ensino de relações públicas no Brasil, dizia que elas objetivam, "por meio da informação, da persuasão e do ajustamento, edificar o apoio público para uma atividade, causa, movimento ou instituição". O autor junta informação com dois aspectos do exercício de poder – persuasão e ajustamento –, como se fossem categorias totalmente diferentes e independentes. Para nós, os três elementos estão interligados: o uso da informação, em seu significado com base na "teoria da forma", persuade e ajusta comportamentos e expectativas.

Outro membro deste grupo é Bernays, citado por Poyares (1970, p. 147): "Relações públicas são um instrumento vital de ajuste, interpretação e integração entre indivíduos, grupos e a sociedade. A função se desdobra da seguinte forma: 1. informação dada ao público..." Bernays certamente é um dos mitos na comunidade internacional da área. Logo, a sua fala implica atenção especial, apesar de ele caracterizar a atividade de relações públicas como "instrumento", mesmo que seja metaforicamente. Contudo, está claro, em Bernays, que a utilização da informação visa a um objetivo.

De autor em autor, chega-se a Canfield (1961, p. 41), traduzido há tempos para o português, que, ao citar a informação, diz que "as funções de relações públicas são pesquisa, planejamento, coordenação, administração e produção" e que "coordenação significa contactos internos, informações a diretores, chefes, grupos de plano de ação". O autor, nesta citação, explicita a definição operacional de relações públicas e insere a informação como parte intrínseca dela. Se tivesse usado os verbos "implanta", "avalia" e "controla" programas de informação, teria sido mais completo e atualizado.

Prosseguindo na caminhada cronológica, chega-se a Azevedo (1971, p. 51), para quem as relações públicas visam, "pela prática sistemática de uma ampla política de informação, obter uma eficaz cooperação em vista da maior satisfação possível dos interesses comuns". Esta proposição caracteriza muito bem o termo "informação". Ela o amplia, vendo-o como agregado ao conceito de "ampla política", não apenas como um ato, mas como uma norma geral, e deixando claro o seu objetivo: a cooperação. Posicionando-se dessa forma, o autor já estaria dando respaldo à teoria da "gestão da função organizacional política" (Simões, 1995 e 2001), que entende a cooperação como objetivo pragmático da atividade. Formar imagem, formar conceito, obter a boa vontade ficam como passos anteriores à cooperação. Haverá cooperação se antes se atingirem estes três objetivos. A busca pela harmonia, por seu turno, situa-se na finalidade ética da atividade.

Nesse apanhado didático das citações, encontram-se outros dois autores traduzidos, Lougovoy e Linon (1972, p. 15), que assim se expressam: "À falta do jogo espontâneo da informação, o acontecimento não pode entrar em ressonância (que a mídia provoca). Circula de boca em boca. Nascem assim os rumores ambíguos". Os autores apresentam o objetivo de modo diferente, afirmando o que ocorre se não existir informação. Este princípio, desde há muito, é do senso comum na comunidade de professores, profissionais e alunos de relações públicas.

Peruzzo (1986, p. 27), alguns anos mais tarde, irá falar em informação e dar a sua finalidade ética: a harmonia social no sistema organização–públicos. "Na utilização das relações públicas por instituições, visando à harmonia social, elas servem-se também dos meios de comunicação de massa para divulgar informações." Ora, esta é, também, a proposta da teoria de "gestão da função organizacional política" e da proposta ética de Seib e Fitzpatrick (1995). O interessante, nessas descobertas, é que parece confirmar-se que também em relações públicas o conhecimento científico não caminha linearmente, mas aos saltos, em idas e vindas.

Kreps (1989, p. 265) vincula a utilidade da informação diretamente à organização: "Os esforços de relações públicas podem prover agentes de modificação organizacional com informações flexíveis sobre a eficácia relativa às atividades de importante organização". O autor poderia ter esclarecido um pouco mais essa idéia, se tocasse no ponto de que a informação reduz a entropia organizacional.

Para Cahen (1990, p. 280), "o profissional de relações públicas deve empenhar-se para criar estruturas e canais de comunicação que favoreçam o diálogo e a livre circulação de informações". Esse autor enfoca, adequadamente, a comunicação como processo, considerando a informação como o elemento que circula e leva ao diálogo, ou seja, ao objetivo. Contudo, mais uma vez, a compreensão teórica sobre relações públicas fica prejudicada, pois não existe a linguagem comum no que se refere ao objetivo. Este, por vezes, é designado por integração, cooperação, harmonia, compreensão mútua, imagem, conceito, comunicação e outros. É provável que sejam termos originados, cada um, de ciências sociais diferentes e lançados em textos de relações públicas, sendo assimilados pela comunidade desta ciência e prática profissional.

Esta ambigüidade do objetivo de relações públicas é reduzida por Legrain e Magain (1992, p. 9), ao afirmarem: "[...] e, através da prática de informação, obter uma cooperação mais eficaz, levando em consideração os interesses comuns". Aqui se tem como objetivo, novamente, a cooperação, assemelhando-se ao que diz Azevedo (1971, p. 51).

Toth e Heath (1992, p. 141), citando Gandy (1992), Turk (1986) e Turk e Franklin (1987), escrevem, generalizando para todas as áreas da organização: "Os especialistas em relações públicas geralmente agem em adquirir informações relevantes a fim de reduzir os custos enfrentados pelos tomadores de decisão". Em todo o capítulo, os autores explanam as vantagens econômicas de redução de custos que a obtenção de informações provoca.

Lesly (1995, p. 33), em edição mais moderna, discorrendo sobre mal-entendidos e preconceitos, afirma: "Análises da situação, planos para ir de encontro aos problemas e a disseminação de informações corretas podem clarear essas dificuldades". Nesse autor, o papel da informação apresenta-se em duas etapas da definição operacional de relações públicas: a pesquisa e a elaboração de planos. Ele poderia ter colocado o papel da informação no diagnóstico, no prognóstico, na assessoria, na avaliação e no controle. Outro ponto a ser criticado é a redundância "informações corretas". Se os dados não forem corretos, não existe informação e, se forem intencionalmente errados, ocorre a desinformação.

Kunsch (1997, p. 205) integra-se a este trabalho, ao afirmar que

> a atividade de relações públicas é de extrema importância para o enfrentamento de crises, pois é ela que deve assumir a responsabilidade pela coleta de informações e pela organização dos contatos com a imprensa e com os públicos de interesse.

Trata-se de uma citação que reforça a relevância da informação. A autora, no entanto, sai da esfera da ciência e entra no espaço do normativo, da técnica, ao dizer que relações públicas "deve" assumir a responsabilidade. Além disso, empregando o termo "importância", ela está na linha limítrofe entre a ciência e o discurso ideológico. Substituir esse termo por "relevância" talvez caracterizasse melhor o texto.

Por fim, sem negar outros autores e seus possíveis enfoques, tem-se Spicer (1997, p. 239), cuja teoria sobre relações públicas assemelha-se à "teoria da função política". Citando Daft e Lengel (1984, p. 194-95), ele diz: "O sucesso organizacional está baseado na habilidade organizacional de processar o potencial de informação extraída da capacidade dos dados para reduzir a incerteza e clarificar a ambigüidade". Ora, esta afirmativa está dizendo que o êxito organizacional depende das informações e estas, por sua vez, dependem da análise dos dados.

Concluindo, podemos dizer que se confirma o papel da informação como matéria-prima das relações públicas, pelas inúmeras funções que ela exerce.

Informação e suas vias de transporte

O terceiro grupo é o dos autores que destacam a informação como elemento de relações públicas no processo de comunicação, tanto em via de mão única como em via de mão dupla. Testemunha isso, por exemplo, Jameson (1963, p. 96), ao afirmar que relações públicas são "uma função administrativa que transmite e interpreta as informações de uma entidade para os vários setores do respectivo público". Aqui se apresenta a idéia de mão única da organização para os públicos.

Em Childs (1964, p. 9), observa-se uma concordância com Jameson quanto à afirmação de que relações públicas são uma função administrativa. Contudo, o autor a coloca em duas vias no que se refere ao transporte de informação: uma buscando informações e outra enviando-as. Para ele, as relações públicas são "uma função administrativa por meio da qual uma instituição, ora informando e guiando a opinião pública, ora pesquisando-a e deixando-se por ela guiar, busca identificar o seu interesse privado com o interesse público". De modo geral, os modelos de Jameson e de Childs servem de paradigma para todos os autores que escrevem sobre o tema. Com a exceção de um ou outro, é consensual, na comunidade de relações públicas, que seu paradigma de transporte de informação é o de via de mão dupla.

Esta consideração parcial pode ser encontrada em Chaves (1966, p. 46-47), um dos primeiros nomes no ensino de relações públicas no Brasil, que assim se expressava:

O técnico de relações públicas informa aos públicos, deles também trazendo informações para a instituição, persuade-os a modificar suas opiniões e atitudes e, na contínua interação de guiar e ser guiado, busca a integração da instituição com seus públicos.

Chaves se posicionava claramente na visão de via de mão dupla, além de acrescentar o objetivo da atividade de relações públicas. Trata-se de uma orientação de diversos outros pesquisadores aqui não citados sob este aspecto.

Outro autor que considera via de mão dupla é Simon (1972, p. 37):

Relações públicas de uma empresa significa manter a empresa informada das flutuações na opinião de seus vários públicos. [...] Significa, também, o assessoramento à administração, aconselhando-a quanto ao impacto de suas decisões e omissões sobre a opinião daquele público. Uma vez que a empresa tenha tomado a decisão, a função de relações públicas é comunicar esta informação da melhor e mais conveniente maneira às diferentes faixas de públicos da organização.

Esta citação de Simon talvez encerre a maneira mais explícita, teoricamente, de caracterizar as funções da atividade de relações públicas. O autor menciona a entrada de informação, caracteriza a assessoria política à direção e utiliza corretamente o conceito de "comunicar" em relação à informação. Aqui, a informação tem seu papel bem explicitado.

Aronoff e Baskin (1983, p. 68) participam da idéia de via de mão dupla, ao dizerem: "Os profissionais de relações públicas são basicamente responsáveis por assimilar e divulgar informação entre as organizações e seu meio ambiente". Evangelista (1983, p. 80) vê a informação como o meio que vincula a organização com os públicos e os públicos com a organização, enfocando, por isso, a tradicional via de duas mãos: "O profissional de relações públicas obtém informações da direção e as transmite aos seus públicos, e vice-versa". A análise destas duas citações admite duas observações. Inicialmente, ambas se posicionam na esfera da via de mão dupla. Em segundo lugar, cometem um reducionismo, ao falarem no profissional e não na atividade. Na universidade, a disciplina relações públicas aborda a atividade e não o profissional. A proposição "atividade" é abstrata – o que implica teoria. O termo "profissional" personifica a atividade e não permite a abstração. A "atividade" é única e o "profissional" implica diversas características.

Nogueira (1987, p. 199), certamente influenciado por seus antecessores, se expressa de maneira ampla, contendo as vias de transporte o objetivo operacional e seu correlato, o objetivo ético:

> Outro aspecto de destaque do trabalho de relações públicas é a comunicação, que visa, através da informação, persuadir o maior número de pessoas que devem seguir este ou aquele caminho ao mesmo tempo em que, paralelamente, procura saber quais as tendências da opinião pública, para que possa harmonizar os desígnios do governo com os desejos da massa.

Pinho (1990, p. 37), reduzindo a ciência e a atividade de relações públicas a uma técnica de comunicação, diz:

> Ao posicionar relações públicas como técnica de comunicação, verificamos que seu papel é bastante diversificado. Por exemplo: pode informar como a organização está trabalhando para beneficiar a comunidade ou os próprios consumidores de seus produtos.

Dar exemplos de um princípio pode prejudicar, e normalmente prejudica, a idéia anterior que se deseja tornar mais clara e objetiva. O exemplo reduz o significado na prática, gerando questões sobre o que não foi exemplificado.

Por último, mas não o menos importante, surge Grunig (1992, p. 18), que fala de quatro modelos de relações públicas, todos relacionados com a informação e os canais de sua distribuição. O autor, fundamentado em pesquisas, verifica que os sistemas de informação da organização para seus públicos podem ser categorizados em quatro níveis de canais de informação. Dois são aqueles em que a informação vai da organização para os seus públicos, identificados como sendo de mão única (*one way*), ambos com informações favoráveis à organização. Os outros dois, de via de mão dupla, se apresentam com a idéia de esclarecer determinados pontos e evitar o conflito, mas em um deles a organização tem o domínio da situação em detrimento dos públicos. O quarto modelo, designado por via de mão dupla simétrica, utiliza a negociação, a barganha e outras técnicas de acordo entre as partes, tendo ambas o mesmo poder de decisão na mesa de negociação. Grunig (1992) afirma que a única que de fato resolve o conflito e se caracteriza como ética é a via de mão dupla simétrica.

O que Grunig designa por modelos de relações públicas a "teoria da função política" interpreta como modelos de fluxo da informação, concordando com ele quanto aos objetivos e resultados. Segundo Grunig, somente o nível simétrico de duas vias contém um posicionamento ético da atividade e da organização. Para nós, a informação de um dado correto que possibilite decisões corretas, em uma estrutura de via de mão única, também é ética. Além disso, Botan e Taylor (2004) afirmam que,

> por muitos anos, o modelo de relações públicas de simetria/excelência de J. Grunig (1992), juntamente com sua asserção [de que ele] assegura práticas mais éticas de relações públicas do que outros modelos, dominou as páginas das revistas de relações públicas. Em recentes anos, entretanto, a ênfase na pesquisa em relações públicas mudou para abordagens ainda mais relacionais, tendo como foco principal operacionalizar e medir as relações. Mais recente e cronologicamente, os trabalhos de Broom, Casey e Ritchey (1997), Ledingham e Bruning (1998, 2000), Grunig e Huang (2000) e Huang (2001) ajudaram a enfocar a pesquisa em relações públicas na função de relações públicas que é a construção de relações.

Todas estas citações e o posicionamento de seus autores não exaurem o que existe sobre a informação e seu papel em relações públicas. Elas representam somente uma amostra do que existe na bibliografia de relações públicas. A dedução que se pode tirar de todos esses dados é que, sem dúvida, a informação tem papel relevante na teoria e na prática de relações públicas e é bem pouco estudada. Definitivamente, segundo Seib e

Fitzpatrick (1995, p. 74), "a ponte entre relações públicas e o jornalismo é a informação".

Referências bibliográficas

ANDRADE, Cândido Teobaldo de Souza. *Para entender relações públicas*. São Paulo: Luzir, 1965.
ARONOFF, Craig e BASKIN, Otis W. *Public relations: the profession and the practice*. Nova York: West, 1983.
AZEVEDO, Marta. *Relações públicas: teoria e processo*. Porto Alegre: Sulina, 1971.
BERNAYS, Edward L. *Relaciones públicas*. Buenos Aires: Troquel, 1969.
BOTAN, Carl e TAYLOR, Maureen. Public relations: state of the field. *Journal of Communication*, p. 645-661, dez. 2004.
BULLIS, Harry. Management's stake in public relations. In: GRISWOLD, Glenn e GRISWOLD, Denny. *Your public relations*. Nova York: Funk and Wagnalls, 1949. p. 20-32.
CAHEN, Roger. *Tudo que seus gurus não lhe contaram sobre comunicação empresarial*. São Paulo: Best-Seller, 1990.
CANFIELD, Bertrand. *Relações públicas*. São Paulo: Pioneira, 1961.
CHAUMELY, Jean e HUISMAN, Denis. *As relações públicas*. São Paulo: Difusão Européia, 1964.
CHAVES, Sylla M. *Aspectos de relações públicas*. Rio de Janeiro: Dasp, 1966.
CHILDS, Harwood L. *Relações públicas, propaganda & opinião pública*. Rio de Janeiro: Aliança, 1964.
COQUEIRO, Marcio C. L. *Relações públicas*. São Paulo: Sugestões Literárias, 1972.
DAFT, R. e LENGEL, R. Information richness: a new approach to managerial behavior and organization design. In: STAW, B. M e CUMMINGS L. (eds.). *Research in organizational behavior*. Greenwich: Joy Press, 1984. p. 191-233.
DANCE, Frank (ed.). The concept of communication. In: APPLBAUM, Ronald; JENSON, Owen e CARROL, Richard. *Speed communication: a basic anthology*. Nova York: Macmillan, 1975. p. 3-11.
EVANGELISTA, Marcos F. *Relações públicas: fundamento e legislação*. Rio de Janeiro: Rio, 1983.
GANDY JR., Oscar. Public relations and public policy: the structuration of dominance in the information age. In: TOTH, E. e HEATH, Robert. *Rhetorical and critical approaches to public relations*. Hillsdale: Lawrence Erlbaum, 1992.
GRISWOLD, Glenn e GRISWOLD, Denny. *Your public relations – The standard public relations handbook*. Nova York: Funk and Wagnalls, 1948.
GRUNIG, James (ed.). *Excellence in public relations and communication management*. Hillsdale: Lawrence Erlbaum, 1992.

JAMESON, Samuel H. *Relações públicas*. Rio de Janeiro: FGV, 1963.
KREPS, Gary L. *La comunicación en las organizaciones*. Londres: LTD, 1989.
KUNSCH, Margarida M. Krohling. *Relações públicas e modernidade: novos paradigmas na comunicação organizacional*. São Paulo: Summus, 1997.
LEGRAIN, Marc e MAGAIN, Daniel. *Relações com o público*. São Paulo: Makron Books, 1992.
LESLY, Philip. *Os fundamentos de relações públicas e da comunicação*. São Paulo: Pioneira, 1995.
LOUGOVOY, C. e LINON, M. *Relaciones públicas*. Barcelona: Hispano Europea, 1972.
NIELANDER, William e MILLER, Raymond. *Relaciones públicas*. Barcelona: Hispano Europea, 1961.
NOGUEIRA, Nemércio. *Opinião pública e democracia: desafios à empresa*. São Paulo: Nobel, 1987.
PENTEADO, José R. Whitaker. *Relações públicas nas empresas modernas*. Lisboa: Centro do Livro Brasileiro, 1968.
PERUZZO, Cicília M. Krohling. *Relações públicas no modo de produção capitalista*. São Paulo: Summus, 1986.
PINHO, J. B. *Propaganda institucional: usos e funções da propaganda em relações públicas*. São Paulo: Summus, 1990.
POYARES, Walter R. *Comunicação social e relações públicas*. Rio de Janeiro: Agir, 1970.
SEIB, Philip e FITZPATRICK, Kathy. *Public relations ethics*. Fort Worth: Harcourt Brace, 1995.
SIMÕES, Roberto P. *Relações públicas: função política*. São Paulo: Summus, 1995.
_____. *Relações públicas e micropolítica*. São Paulo: Summus, 2001.
SIMON, Raymond (org.). *Relações públicas: perspectivas da comunicação*. São Paulo: Atlas, 1972.
TOTH, E. e HEATH, Robert. *Rhetorical and critical approaches to public relations*. Hillsdale: Lawrence Erlbaum, 1992.
TURK, J. Information subsidies and media content: a study of public relations influence on the news. *Journalism Monographs*, nº 100, dez. 1986.
TURK, J. e FRANKLIN, B. Information subsidies: agenda-setting traditions. *Public Relations Journal*, nº 13, ano 4, p. 29-41, 1987.
WEY, Hebe. *O processo de relações públicas*. São Paulo: Summus, 1986.

5

OS GABINETES DE COMUNICAÇÃO NA ERA DA INTERNET

BERTA GARCÍA OROSA

A comunicação foi imprescindível para o desenvolvimento das diferentes organizações em todas as sociedades ao longo da história. Na atualidade, os códigos e as características da comunicação levada a efeito por empresas e instituições para influenciar seus públicos estão mudando. Em um contexto favorável à proliferação de distintos fluxos de informação, a suposta descentralização da comunicação e o apoio da instantaneidade e ubiqüidade das novas tecnologias estão na base da transformação.

A sociedade da informação é assinalada por duas características que potencializam as denominadas relações públicas, comunicação organizacional ou comunicação corporativa, dependendo do campo tomado como referência. Por um lado, a informação, que se converte em matéria-prima com maior valor agregado, ou seja, o objeto de trabalho dos gabinetes de comunicação[1] é

---

1. Mantemos a terminologia "gabinete" de comunicação usada pela autora, que a explicará no entretítulo I. Na realidade, seu texto é sobre os "departamentos de comunicação de instituições e empresas", como ela diz na introdução. Ao longo do texto, o termo se referirá indistintamente ao que compreendemos como "assessoria", "departamento" etc. [N. T.].

hoje um dos maiores ativos das organizações. Por outro, as tecnologias da informação e da comunicação (TIC), que atingem a vida de uma parcela cada vez mais expressiva dos cidadãos de nosso planeta. Estamos vivendo, assim, um momento no qual não só a comunicação vem adquirindo relevância crescente, como também as organizações têm de se preocupar com ela, embora se registrem importantes mudanças na maneira de formalizá-la.

Neste artigo nos centraremos apenas na adoção das tecnologias da informação e da comunicação, pelas seguintes razões: a) os públicos dos gabinetes de comunicação as utilizam e, portanto, elas se convertem em mais uma via pela qual estes podem chegar até os primeiros; b) há um incremento de gabinetes e de potenciais emissores de informação sobre as organizações e seus concorrentes; os próprios gabinetes as utilizam em seu trabalho diário.

Definitivamente, na sociedade atual transmitir informação é insuficiente para uma comunicação bem-sucedida, exigindo-se uma correta gestão do processo. O aumento do valor agregado da informação, de sua presença na opinião pública e dos avanços tecnológicos potenciou o incremento dos emissores e multiplicou os fluxos de informação entre diferentes setores da sociedade. Por isso, as assessorias de comunicação, como emissores, devem buscar novas formas de comunicar[2]. Uma delas é a presença ativa na internet.

Uma boa gestão na rede implica: a) construir informação específica para a internet; b) apresentá-la corretamente na rede (desenho, linguagem, usabilidade, acessibilidade); c) situá-la nas autovias da rede, ou seja, naquelas vias de comunicação que, por terem melhores condições de uso e maior tráfego, se converteram em porta-vozes ou difusoras privilegiadas das mensagens (fun-

---

2. Para informações mais amplas sobre o êxito do modelo tradicional de gabinetes de comunicação, podem ser consultados estudos sobre fontes informativas e discurso dos meios. Alguns dos mais interessantes das últimas décadas são: Sigal (1978); Bezunartea, Del Hoyo e Martínez (1998); Villafañe, Bustamante e Prado (1987); Ramírez (1995); Díezhandino e Coca (1997); Túñez López (1999). E, quanto a artigos, Ohl et al. (1995); Gibson (1997); Lee (2002); Walters, T. N.; Walters, L. M. e Gray (1996).

damentalmente de busca); d) utilizar o instrumento adequado ao tipo de informação ou comunicação que se deseja conseguir.

Centraremos este capítulo na análise deste último ponto, examinando o uso das tecnologias da informação e da comunicação nos departamentos de comunicação de instituições e empresas. Mas antes consideramos necessário fazer uma pequena introdução a esse nosso objeto de estudo.

Breve introdução histórica à situação atual

A comunicação organizacional com origem nas relações públicas, já definidas por Edward Bernays (1966), surge nos países democráticos e com economia de livre mercado a partir, fundamentalmente, da segunda metade do século XX[3]. As atividades atribuídas ao gabinete de comunicação foram tão heterogêneas como a sua prática nos diferentes setores e países. Recolhemos somente algumas, para ter uma idéia de sua concepção.

Gabinete de comunicação

O termo "gabinete" provém do diminutivo do francês medieval *gabinet*, atual *cabinet* (de *cabin*, quarto pequeno de origem incerta), significando "alojamento íntimo" (Coromines, 1976). Terminologicamente, seu uso para designar gabinetes de comunicação é provavelmente uma extensão metonímica de seu emprego para indicar sala de trabalho[4].

---

3. Não existe um acordo acadêmico-teórico sobre o início da atividade, em razão de, entre outros fatores, sua grande heterogeneidade e falta de definição unívoca que ainda hoje a caracteriza. Não nos deteremos na abordagem da história da comunicação organizacional. Sugerimos ver: Sotelo Enríquez (2001, 2004); Arceo Vacas (2004); Cutlip, Center e Broom (2000, in: Toth, 2002); Grunig & Hunt (in: Nessmann, 1995); Nessmann (1995); Hutton (1999); Barquero Cabrero (2004).
4. Em castelhano, os dicionários não trazem o conceito de gabinete de comunicação, exceto o *Diccionario del español actual* (Seco, Andrés e Ramos,

No que se refere à teoria da comunicação e de outras disciplinas afins, as definições põem ênfase nas características de organização estável e de fonte/origem de informação muito relevante.

Em um órgão público, nos partidos políticos e nas instituições com projeção social, se pensa em escritório encarregado da atividade jornalística com a função de manter contato com os jornalistas, *informando-os* sobre as atividades de sua organização e recolhendo todas as notícias que se publiquem sobre esta e seus dirigentes na imprensa (Ramírez, 1995).

Alguns autores ressaltam a condição de origem da informação, afirmando que o departamento de comunicação é uma fonte ativa (pode tomar a iniciativa), organizada (tem um lugar determinado ao qual o jornalista pode se dirigir) e habitualmente estável que cobre as necessidades das organizações de âmbito cultural, social, político ou econômico que aspiram a ter influência na opinião pública.

Outras definições mais concretas reduzem o âmbito de atuação do gabinete de comunicação, como a que afirma que o gabinete de imprensa é um departamento dirigido, geralmente, por jornalistas dedicados à difusão e coleta de informações referentes à instituição ou empresa da qual são porta-vozes circunstanciais, para o que utilizam principalmente uma série de técnicas de informar e reagir, como a nota ou a coletiva de imprensa (Del Río, 2001).

Ultimamente se abandonou a denominação gabinete de imprensa e se começou a falar em gabinete de comunicação como aquele que gera toda a informação diariamente produzida por uma empresa ou instituição e a traduz em mensagens de comunicação externa e interna (Martín, 1999)[5].

1999), que fornece, sim, uma definição de gabinete relacionada com a comunicação: "2. Escritório de um organismo encarregado de atender determinados assuntos".

5. Joan Ferrer (2000) define o gabinete de comunicação, em um sentido mais amplo, como "o encarregado do planejamento das relações públicas ou da comunicação na empresa".

O uso do termo "escritório" ou "gabinete" de imprensa se generalizou, em princípio, entre aquelas fontes informativas que decidiam dotar-se de uma infra-estrutura mínima para atender aos meios de difusão. Em que pese o termo "imprensa" não ser incorreto, a denominação "gabinete" ou "departamento de comunicação" capta melhor a globalidade do fenômeno, já que, além da imprensa, se incluem o rádio, a televisão e, teoricamente, os meios eletrônicos.

Em nosso ponto de vista, o gabinete de comunicação constitui, dentro de uma organização, o departamento encarregado do planejamento, da implementação e da avaliação de sua política comunicacional. Sua atividade não se restringe à transmissão de um conjunto de mensagens pontuais aos meios de comunicação, mas representa uma rede de dimensões espaciotemporais cuja magnitude ultrapassa esses momentos de comunicação pontual. Esta "superestrutura" se comporia pela cultura organizacional, pela política de comunicação e pela identidade corporativa, entre outros tópicos. As diretrizes marcadas por estes elementos impregnam e influenciam cada uma das mensagens e ações comunicativas. Além disso, ajuntamos o *feedback* necessário, já que a recepção condiciona a avaliação do trabalho, seu planejamento e a condição de gabinete de comunicação (sempre e quando se disponha de uma boa canalização e do emprego de retroalimentação).

Numa perspectiva mais ampla, os departamentos de comunicação se converteram, nas últimas décadas, em um dos instrumentos mais eficazes dos poderes hegemônicos da sociedade para monopolizar o discurso da mídia. Sob este enfoque, se ao longo da história foram vários os meios utilizados pelos mais influentes de cada estrato para conseguir sua presença na opinião pública e perenizar sua situação no espectro social, no momento atual um dos grandes ativos para uma participação bem-sucedida na arena social são os gabinetes de comunicação.

A comunicação organizacional registrou uma evolução crescente, com características específicas, se bem que similares, nos países desenvolvidos. Durante as duas últimas décadas, parece que ela se consolidou naqueles países em que já tem uma tradição e que está se iniciando em outros. Com base em Sotelo (2004), assinalamos que a profissão se instalou em países em via de desenvolvimento e, em particular, naquelas nações que desde os anos 1990 abandonaram os regimes comunistas e instauraram a democracia liberal e a economia de mercado. Mesmo naqueles Estados que mantinham um sistema político autoritário e empreenderam reformas para liberalizar sua economia, sobretudo para o exterior, as relações públicas começaram a ser praticadas.

Nos países que se incorporaram ao livre mercado da informação, seja de forma completa (novas democracias do Leste europeu ou da América Latina), seja de maneira parcial (China e Estados islâmicos), a chegada da comunicação organizacional se deu mediante as agências de relações públicas multinacionais. Estas serviam de embaixatrizes para as empresas que desejavam instalar-se naqueles países e, por outro lado, ajudavam os países recém-incorporados ao mercado a dar-se a conhecer no mundo ocidental, para atrair investimentos e melhorar as relações diplomáticas. Cabe destacar, além disso, que, em algumas zonas, como, por exemplo, o Leste europeu, o advento das relações públicas fazia parte de um programa político mais amplo: nações como os Estados Unidos tentavam exercer influência e tutela sobre as novas democracias em aspectos econômicos, educacionais e culturais. Enquanto isso, também no mundo ocidental se verificou um crescimento notável tanto em agências como em departamentos internos de comunicação (García Orosa, 2005).

TECNOLOGIAS DA COMUNICAÇÃO

Uma das maiores mudanças dos gabinetes de comunicação, nos últimos anos, foi o investimento realizado em recursos tecnológicos. Não entraremos aqui em discussões sobre os aspectos negativos ou positivos das TICs[6]. Ao longo das próximas pági-

---

6. Entre as perspectivas otimistas, podemos mencionar as interpretações de Toffler (1996) ou de Negroponte (1995). Toffler assinala que a tecnologia servirá para potencializar o desenvolvimento da democracia direta. Negroponte afirma que o mundo digital repercutirá em todos os âm-

nas simplesmente nos deteremos na corrente denominada "estudos sociais da ciência e da sociedade", "estudos sobre ciência e tecnologia" ou "ciência, tecnologia e sociedade" (CTS). Esta perspectiva epistemológica oferece a idéia de que toda inovação nasce em um contexto social específico, o qual por sua vez vai estar condicionado por ele próprio. Por conseqüência, não se admite a independência da tecnologia e da sociedade, nem a predominância de uma sobre outra, mas antes a interação e a influência conjuntas, vendo-se na tecnologia tanto a infra-estrutura como o uso que se faz dela. Neste sentido, não analisaremos apenas as TICs, mas também como estas afetam a maneira de trabalhar dos jornalistas de gabinetes de comunicação.

Entendemos por tecnologia da informação o conjunto de "instrumentos e processos tecnológicos que têm por objeto a coleta, a seleção, o tratamento, a transmissão, a difusão e a apresentação da informação jornalística através dos meios de comunicação de massa" (Canga Larequi, 1988). Devemos fazer três pontuações:

1) A diferença entre "tecnologias da comunicação" e "tecnologias da informação", o que nos permitirá elucidar, nas próximas páginas, as estratégias inerentes às políticas de comunicação organizacional que optam por umas em vez de outras[7]. As primeiras seriam as que dizem respeito à conexão ou transmissão de informação entre diferentes indivíduos ou grupos sociais, seja de forma pessoal, cara a cara, seja mediada, valendo-se de artefatos para aumentar a capa-

---

bitos de nossa sociedade, facilitando a aproximação dos povos que a utilizarem e promovendo a superação das barreiras espaciotemporais entre países e cidadãos. Do lado dos detratores, apontamos as obras de Roszak (1988), Munford (1969) ou Sartori (1998). Roszak descreve a tecnologia como uma ameaça de ruptura da privacidade, percebendo-a como instrumentalização do capitalismo. Munford aponta como a cultura tecnológica desumanizou a sociedade. E Sartori indica que vivemos em uma sociedade organizada nas telas de televisão, em que o sujeito se vê imerso, manipulado e dirigido.

7. Veremos como o tão propalado modelo bidirecional não se acha implantado mesmo quando a tecnologia o permite.

cidade no tratamento de mensagens. A comunicação exige um grau mínimo de circularidade, a existência de *feedback*, em uma ida e volta de conteúdo informativo, sendo um processo mais do que um fenômeno (Lucas Marín, 1997). Diante disso, "a informação faz referência tanto ao dado em si (em estado bruto, isolado), quanto ao que está incrustado em um sistema no qual foi social e culturalmente compartilhado" (Martín, 1995).

2) Uma mesma infra-estrutura tecnológica tem diferentes significados para gerações distintas. "A tecnologia é tecnologia para quem nasceu antes de as terem inventado", assegura Tapscott (1998). Existe uma geração anterior, que tem o conhecimento adquirido no exercício de suas funções em anos de desempenho profissional, mas não maneja a tecnologia; e uma geração atual, chamada de geração net, eletrônica, cibernética etc. (Tapscott, 1998; Toffler, 1996), que maneja a tecnologia, mas não os conhecimentos.

3) A transformação constante é uma das características mais destacadas pelos pesquisadores deste âmbito. A inovação tecnológica inclui as mudanças recentes em infra-estruturas – novos meios de comunicação, fundamentalmente massivos – e também as modificações de uso naqueles já existentes. A idéia de novas tecnologias possui um caráter muito relativo e, já que a presença, a penetração e o emprego efetivo das inovações diferem em função da localização espaciotemporal adotada, o que forma parte da história de uma sociedade pode ser o último descobrimento para outra.

As TICs seriam, desde esta perspectiva, as novas infra-estruturas ou os novos usos de ferramentas existentes e sua implementação para o tratamento, a produção e a emissão de informação. "Novas" é um termo subjetivo que só pode ser avaliado a partir de uma situação concreta na qual o uso dessas novas ferramentas modifique substancialmente a situação anterior neste âmbito.

A introdução de uma nova tecnologia parece poder modificar todos os sistemas e todas as regras não-escritas de determinada sociedade. Uma rápida visão histórica permitirá observar que a situação atual, com a entrada da internet, não é algo novo. O que caracteriza a revolução tecnológica atual não é o caráter central do conhecimento e da informação, mas a aplicação desse conhecimento e dessa informação em aparatos de geração de conhecimento e de processamento da informação/comunicação, em um círculo de retroalimentação acumulativo entre a inovação e seus usos (Castells, 1997).

Não devemos nos esquecer de que as revoluções da comunicação são acumulativas e não completamente substitutivas e que cada nova tecnologia surgiu para fazer frente a alguma ineficiência ou inadequação já existente ou antevista e, gradualmente, liberou seu potencial maior para dentro da sociedade, elaborando suas próprias peculiaridades e inferências (Smith, 1983).

Por último, e a título de síntese, anote-se que são de diversos tipos os efeitos da técnica e da tecnologia sobre a sociedade em geral, mas basicamente se articulam em diretos e indiretos. Quanto aos primeiros, a aplicação da tecnologia tende a transformar a realidade social, provocando novas formas de resolver os problemas e criando novos ambientes comunicativos e expressivos, assim como a determinação de hábitos e costumes sociais. Simultaneamente, no entanto, vão aparecendo novos contextos e surgindo novas necessidades e problemas, que exigirão novas formas de abordá-los a partir dos conhecimentos científicos e tecnológicos, que são os que poderíamos considerar como efeitos indiretos[8]. Nas últimas décadas, a chegada da sociedade da informação[9] contribuiu para a implantação de modernas tecnologias em novos âmbitos da vida cotidiana, o acesso de um maior número de pessoas e a conquista de valor agregado para a informação.

---

8. Ampliaremos nas próximas páginas as características e possibilidades oferecidas pelas TICs.
9. Denominações diferentes empregadas por diversos autores e etapas: "sociedade tecnológica", "sociedade pós-industrial", "sociedade pós-capitalista", "era pós-moderna", "sociedade programada", "sociedade-rede". Para mais informações, ver, entre outros: Castells (1997/1998/1998 – vol. 1, 2 e 3); Mattelart e Stourdze (1984); Mattelart (1993); Borja e Castells (1997); Trejo Delabre (1996).

Uso das TICs nos gabinetes de comunicação

Apesar de tudo, a presença e a utilização das tecnologias da comunicação nos gabinetes de comunicação ainda são escassas. Em razão da pouca idade do fenômeno, não existem estudos completos sobre a temática. Unicamente a título de exemplo, anotamos que 80% dos assessores dizem valer-se, no trabalho diário, das TICs como uma das transformações mais importantes da comunicação organizacional na Espanha, nos últimos anos (García Orosa, 2005). A maioria dos estudos sobre comunicação organizacional, desde o ano 2000, faz referência à importância das TICs no futuro dos gabinetes de comunicação (cf. Villafañe, 2002, 2003 e 2004). No entanto, é preciso salientar essa afirmação. Quanto à internet como a "nova tecnologia", devemos destacar os seguintes grandes âmbitos em que a rede influi na estrutura e no trabalho diário dos gabinetes:

1) A generalização das tecnologias permite que um número cada vez maior de atores tenha possibilidades técnicas de acesso à opinião pública.
2) O uso diário provoca algumas transformações no trabalho: redução de custos, incremento da rapidez na transmissão de mensagens e capacidade de transmitir mais informação (quantitativamente). O assessor tem também acesso a mais informação para a elaboração de seu trabalho.

Com relação ao primeiro tópico, destacamos tão-somente que isso implica que os gabinetes de comunicação têm cada vez mais concorrência e, ao mesmo tempo, devem conhecer também mais e melhor a posição e a atuação dessa concorrência crescente na opinião pública. Quanto ao segundo, devemos considerar três grandes grupos de análise: a) a infra-estrutura com que contam os gabinetes de comunicação na atualidade; b) a utilização real da internet em sua dinâmica de trabalho; c) as potencialidades e carências da nova mídia. Analisaremos a situação de cada um dos tópicos.

No que respeita ao primeiro caso, destacamos que, embora o uso e a qualidade sejam diversos, todos os departamentos de comunicação consultados, na prática, contam com página na rede e correio eletrônico que utilizam diariamente em seu relacionamento com a mídia, embora o fac-símile e o telefone continuem tendo seu peso. A porcentagem na infra-estrutura se reduz um pouco nas organizações menores: 73% têm internet e 64,28% utilizam habitualmente o correio eletrônico. Neste caso também a presença na rede, em 84% dos casos, costuma ser estática e a atualização, teoricamente diária, corresponde a um estágio dos níveis de presença na rede nos quais se aproveitam os seus diversos recursos (hipertextualidade, interatividade etc.) para o relacionamento com os diferentes públicos e, concretamente, com os meios de comunicação. Não ocorre uma grande diferenciação por setores.

No segundo caso, a utilização da rede na dinâmica diária dos gabinetes de comunicação, na realidade, é mais heterogênea. Em geral, trata-se de um instrumento que hoje não mudou, por enquanto, a estrutura nem a dinâmica do trabalho, mas modifica, sim, para todos os participantes, o relacionamento diário entre o gabinete de comunicação e os meios.

As opiniões sobre a nova tecnologia, entre os assessores de comunicação, são variadas. O termo médio, adotado pela maioria, é uma postura moderada, considerando-se a tecnologia como uma simples via que pode facilitar e agilizar o trabalho. Abre-se, assim, uma brecha: os que incorporam efetivamente a internet no processo comunicativo, modificando os receptores, e aqueles que permanecem fiéis às rotinas tradicionais. As TICs não conseguiram, por enquanto, na maioria dos casos, a presença ativa nos gabinetes de comunicação. Não há uma modificação das estruturas nem dos atores, salvo os casos excepcionais:

- Não se muda o produto enviado (somente texto, não produtos multimidiáticos).
- Não se modificam os receptores. Ninguém realiza diariamente, de forma generalizada, um contato com os meios eletrônicos. Para conseguir o objetivo, é necessário mudar também a mentalidade dos dirigentes.
- Não se alteram os parâmetros espaciotemporais. O ritmo de produção diferente dos meios eletrônicos não influi no pla-

nejamento do trabalho dos gabinetes de comunicação. A comunicação organizacional está particularmente voltada para os meios audiovisuais e impressos, já que a maioria das ações programadas se realiza em função dos horários de programas noticiosos do rádio e da televisão – gerais ou territoriais, dependendo da relevância do fato noticiável – e do horário de fechamento dos periódicos.

Assim, quanto às TICs nos gabinetes de comunicação, especialmente em organizações de menor dimensão, geralmente:

1) Sua presença não provocou mudanças estruturais.
2) As mudanças conjunturais – dinâmica diária – são paulatinas e tendem a melhorar a velocidade e reduzir custos e tempo de elaboração e transmissão.
3) Registra-se uma boa valoração das infra-estruturas, que se qualificam como muito boas e se revelam como um dos fatores de destaque para a maioria dos responsáveis das organizações.

As dificuldades no uso das TICs como ferramenta de informação, nos últimos anos, de acordo com os assessores de comunicação que trabalham nesses gabinetes, são:

1) Em um primeiro momento, ausência de informação sobre a chegada do correio eletrônico nos sistemas utilizados.
2) Emprego do correio eletrônico em algumas redações de meios locais/autônomos como substituto do fax (um geral, para toda a redação, ao qual, muitas vezes, não têm acesso todos os redatores).
3) Endereços pessoais que dificultam a chegada da mensagem nos dias livres do redator.
4) Restrição, em alguns meios de comunicação, do uso do correio eletrônico (limitado a certo número de diretores).

Já existem gabinetes de comunicação – os de maiores dimensões – que se destacam no uso da internet, tanto na mensagem como na forma de comunicar. As porcentagens, neste caso, desfavorecem o terceiro setor (organizações privadas sem fins de lucro) e incrementam o número de entidades do segundo setor (empresas) que se unem ao uso intensivo da nova tecnologia.

Geralmente, a incidência das TICs na rotina diária manifestada pelos assessores de comunicação ainda é escassa. Na prática, observamos que elas e, concretamente, a internet têm influência distinta, de acordo com o estágio da comunicação:

1) Produção – A maioria dos assessores de comunicação utiliza a internet para a documentação prévia para a elaboração de seu trabalho e para a leitura de jornais e notícias de atualidade.
2) Transmissão – No início o correio eletrônico e, atualmente, outros meios foram adotados nas rotinas diárias da transmissão de informação.
3) Comunicação (com *feedback*) – Escassa.

Quanto às carências e potencialidades, assinalamos que, embora consideremos que a internet não venha a ser um recurso estratégico que facilite por si só melhorar a comunicação da organização com seus públicos, ela pode, sim, otimizá-la.

APROXIMAÇÃO TERMINOLÓGICA E TEÓRICA AOS GABINETES DE COMUNICAÇÃO *ON-LINE*

Após esta rápida passagem pela comunicação organizacional e pelas TICs, abordaremos, nas próximas linhas, a definição e o funcionamento, dentro do campo informativo, dos denominados gabinetes de comunicação *on-line*. Tentaremos chegar a uma definição sob o aspecto epistemológico e desde o âmbito da prática atual.

Na perspectiva teórica, dois objetos de estudo devem ser considerados quando se fala em gabinetes de comunicação: a comunicação organizacional e as tecnologias de informação e de comunicação.

1) A comunicação organizacional carece, no momento, de um *corpus* teórico forte e assumido como hegemônico pela comuni-

dade acadêmica. Originada nas relações públicas (em meados do século passado, basicamente), a atividade de comunicação se desenvolve unilateralmente a partir de campos de conhecimento dispersos (economia, psicologia, publicidade, informação, marketing). Foi na década de 1980, na França, que pela primeira vez se defendeu a necessidade de uma comunicação integral, global, que aglutinasse as diferentes atividades desenvolvidas em seu entorno (marketing, cerimonial, publicidade, publicações etc.) e, por conseguinte, de que os estudos dela fossem relançados com base em uma perspectiva global e multidisciplinar.

Aparecem, assim, as publicações elaboradas conjuntamente por entendidos de diferentes áreas. Como vimos no tópico anterior, as denominações e descrições da atividade de comunicação organizacional são variadas e ainda se acham em fase de consolidação.

Ao mesmo tempo que o conhecimento científico carecia de teorias globais para esta área de estudo, a prática da comunicação organizacional desembocou em um *mare magnum* de atividades, funções e nomenclaturas em torno do conceito de comunicação institucional ou empresarial – que carece de unificação, existindo uma infinidade de nomes para atividades similares e vice-versa (só na Espanha se registram atualmente mais de trinta denominações diferentes). Esta heterogeneidade no exercício da profissão (e também o reconhecimento do profissional que a desenvolve) vai refletir, evidentemente, na presença dos gabinetes de comunicação na rede digital.

Partimos, pois, de uma realidade heterogênea no âmbito da comunicação organizacional, que corresponde à ausência de uma teoria hegemônica. Para nós, a comunicação organizacional é integrada e global em um duplo sentido. Por um lado, porque aglutina sob uma mesma política de comunicação atividades que anteriormente estavam separadas na maioria das organizações (publicidade, relacionamento com a mídia, relações públicas e cerimonial, entre outras). Por outro lado, porque consideramos que a comunicação não diz respeito apenas à mensagem emitida, mas a todo um processo de intercâmbio de informação entre o emissor e o receptor.

Só o fato de estar ou não na internet já constitui uma mensagem para os públicos de uma organização. As características dessa presença acrescentarão também determinadas peculiaridades a essa organização. E, finalmente, a opção por um ou outro canal de comunicação dentro da rede (comunicados ou *chats*) permitirá agregar valor positivo ou negativo à sua imagem. É importante considerar tudo isso quando se trata de utilizar as novas tecnologias de comunicação e de selecionar os instrumentos de relacionamento com os diversos públicos.

2) As tecnologias de informação e de comunicação, o segundo elemento implicado no gabinete de comunicação *on-line*, se caracterizam por sua juventude e pela rapidez de suas transformações (quanto à implantação e ao uso) em alguns lugares do mundo. Numa perspectiva técnica, a bibliografia se multiplica especialmente desde meados da década de 1990 em todas as áreas (médica, educacional, empresarial etc.). Nos estudos científicos da comunicação a pesquisa se centrou na recepção (interatividade com os receptores e possibilidade de que estes se convertam em emissores) e na construção e transmissão dos meios de comunicação. Mas enfatizou menos o estudo das TICs quanto aos aspectos da produção da informação e, concretamente, das fontes institucionalizadas da informação. As referências existentes no momento[10], como corolário de manuais de comunicação organizacional, coincidem nos seguintes pontos:

a) A necessidade de que o gestor de comunicação se adapte às TICs.
b) A grande influência que a tecnologia terá nas mudanças próximas no trabalho de departamento de comunicação.
c) A maior acessibilidade dos jornalistas a um número mais elevado de fontes (especialmente do jornalismo digital).
d) A carência de estudos globais sobre a área (Castillo Esparcia, 2002).

---

10. Entre outros, Arroyas Langa et al. (2004), Villafañe (2002, 2003 e 2004) e Arceo Vacas (2004).

Com estes antecedentes, se carece de uma definição sólida de gabinete *on-line*. Cunharam-se termos como "publicidade *on-line*" ou "marketing *on-line*". Conceitualmente, considera-se que a comunicação publicitária se torna interativa no momento em que inserta em um meio eletrônico que possibilita a difusão das mensagens de maneira diferente da publicidade convencional ou do marketing direto tradicional (Salas Nestares, 1999)[11].

Outra contribuição vem da área da comunicação eletrônica, disciplina que trata do uso dos meios eletrônicos nas atividades das organizações. Por meios eletrônicos entende-se o conjunto de veículos destinados a relacionar um indivíduo com uma organização ou com outro indivíduo, com o objetivo de difundir ou intercambiar mensagens, utilizando para isso os recursos da informática e das telecomunicações (Kaplan, 1993).

Uma das aproximações dos últimos anos procede da área de relações públicas *on-line*, definidas como a translação das relações públicas à internet. Segundo James Grunig (apud Fuetterer, 2005), as relações públicas são a gestão da comunicação entre uma organização (empresa, órgãos públicos, entidades não-lucrativas etc.) e seus *netizens* (cidadãos da rede). A maioria das publicações recentes faz referência às TICs e à sua importância para a comunicação organizacional, mas não apresenta uma visão única quanto à sua definição[12].

Para nós, o gabinete de comunicação *on-line*, em sentido amplo, não envolve só a translação da comunicação para a internet, mas também a mudança de sua atuação e seus objetivos. Cremos que ele não existe apenas para os cidadãos na rede, mas para a inter-relação com todos os públicos da organização. Podemos dizer, por ora, que o gabinete de comunicação *on-line* deve desenvolver na rede um espaço de comunicação incluído no planejamento, na implementação e na avaliação de sua política comunicacional global. Teríamos de elucidar então, quanto a essa definição, se um departamento de comunicação cria um espaço de comunicação apenas *on-line* ou não. Eliminaremos da defini-

---

11. Para maiores informações sobre publicidade *on-line* pode-se ver Martí Parreño (2004).
12. Ver nota 3.

ção aqueles gabinetes que só utilizam a tecnologia como um instrumento de comunicação sem implicar modificações em sua forma de planejar ou executar sua atividade. Tratar-se-ia, neste caso, de um gabinete dotado de um novo instrumento de comunicação. Como veremos nos próximos entretítulos, nem todos os gabinetes de comunicação têm capacidade para montar uma sala de imprensa complexa na rede, mas a utilização de qualquer um dos elementos que a tecnologia oferece, explorando as suas características em função dos objetivos do departamento, pode resultar positiva.

Enfim, referir-nos-emos à comunicação organizacional *on-line* como aquela política que prevê em seu desenvolvimento a geração de comunicação entre seus diferentes públicos por meios digitais (também pode existir *off line*) e inclui os *netizens* (entre os quais os cibermeios). Vale dizer que a rede não será apenas um veículo de comunicação (com possibilidade, segundo alguns dos estudiosos da temática, de modificar os modelos comunicativos), mas que está criando um novo público-alvo para os departamentos de comunicação.

Isto implica um incremento do público-alvo[13], a mudança pelo menos dos instrumentos de comunicação tradicionais e a possibilidade de incluir novas fórmulas de comunicação.

Os gabinetes de comunicação podem assumir três figuras: a) o tradicional + sala de imprensa *on-line*; b) o gabinete exclusivamente *on-line*; c) a assessoria de comunicação externa que oferece gabinete *on-line* a organizações (externalização de serviço). O mais habitual é o primeiro, que abordaremos nas próximas páginas.

A proposta de classificação que apresentamos compreende três fases e variantes significativas entre elas. Ela tem caráter de orientação, tendo como traços distintivos das diferentes fases a passagem a uma maior adaptação não só à internet como também à sociedade-rede e às comunidades virtuais[14]. A característica cen-

---

13. As chamadas comunidades virtuais são um fenômeno mais ou menos relevante, mas real, que afetará a atividade dos gabinetes de comunicação nos próximos anos.
14. Para mais contribuições de outros campos de estudos, consultar Capon García (2005), Varela (2005) ou, ainda, Harmon e Jones [s. d.].

tral, que supõe uma diferença qualitativa entre as três fases, é o grau de atividade comunicativa e a implicação entre os diversos atores. Ela pode ser representada graficamente da seguinte forma:

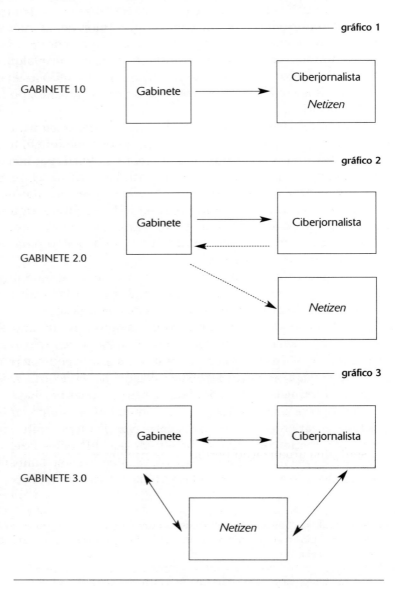

No gráfico 1, o *site* destinado à imprensa lança informação para qualquer internauta. Não há possibilidade de outro *feedback* senão o correio eletrônico, que, de alguma maneira, corresponde à idéia do telefone ou do correio tradicional. No gráfico 2, representa-se esquematicamente o ideal comunicativo da segunda fase. Pode-se distinguir entre a informação destinada ao ciberjornalista e a destinada a qualquer usuário ou *netizen*, mas em todo caso o gabinete se volta preferencialmente para o ciberjornalista, que é quem tem a possibilidade de intervir de algum modo no circuito comunicacional. De qualquer forma, o elemento proativo que controla a atividade é o gabinete *on-line*. No terceiro gráfico, delineia-se um modelo de comunidade plenamente intercomunicativa, na qual o gabinete é mais um participante do circuito. Observamos como a informação pode ser produzida pelo gabinete ou pelos próprios *netizens*, que colaboram ativamente na tarefa de divulgar e promover uma organização, um projeto ou um produto. Os ciberjornalistas, por sua vez, podem intervir na estratégia de comunicação do gabinete e sua fonte de informação já não está centralizada nele, mas em toda a comunidade. Dentro dessas três grandes fases existem subfases, que descrevemos a seguir:

1) Gabinete *on-line* 1.0 – Somente se utiliza o espaço na web para apresentar o gabinete de comunicação e um e-mail de contato. Trata-se de dados permanentes, não atualizados, que não trazem informação e não possibilitam nenhum tipo de interação no ambiente virtual.
2) Gabinete *on-line* 1.1 – Neste nível, o departamento de comunicação disponibiliza na web notícias sobre a organização sem uma atualização periódica. Normalmente o material é só textual, podendo incluir imagens estáticas.
3) Gabinete *on-line* 1.2 – Caracteriza-se por ser uma virada literal dos instrumentos e documentos utilizados pelo gabinete tradicional. Dentre os gabinetes é o mais usado. Transmite informação atualizada similar à oferecida pelos meios de comunicação mediante dossiês, notas e rodadas de imprensa. Não possibilita a interatividade. Segue o modelo de

agente de imprensa. Ao não estar adaptado à internet, permanece na primeira fase.
4) Gabinete *on-line* 2.0 – É aquele que se vale da internet para: a) produção de materiais que se adaptem às características da rede; b) comunicação entre o gabinete de comunicação e os jornalistas. Alguns dos elementos que pode utilizar são notas em hipertexto, materiais de multimídia ou ferramentas para apurar conteúdos. Ainda mantém uma forte dependência dos hábitos e das rotinas da comunicação *off line*, já que é antes de tudo unidirecional, mas apresenta uma reestruturação dos conteúdos e do suporte, permitindo algumas formas de participação dos jornalistas (entrevistas *on-line* e rodadas de imprensa virtuais). Na realidade representa uma fase mista à qual subjaz um modelo tradicional de entender a função do gabinete de imprensa, mas empregando instrumentos próprios da web. Analogamente à fase anterior, podem-se estabelecer diferenças. Assim, dependendo do grau de participação dos ciberjornalistas e dos usuários, se iria avançando para a terceira fase.
5) Gabinete *on-line* 3.0 – Implica a criação de uma comunidade que colabora e participa. Teríamos um novo modelo de comunicação organizacional centrada no chamado gabinete transparente. Isto significa a construção de uma comunidade virtual na qual o gabinete de comunicação não só facilita a informação, aproveitando todos os recursos da rede, mas também utiliza o *feedback* proporcionado pelos próprios jornalistas para a elaboração de novos conteúdos. Trabalha-se em um ambiente virtual. Nesta fase, o gabinete é antes um ator comunicativo que, embora forneça informação, já não é o emissor único ou privilegiado das fases anteriores, mas um participante do processo (se quiser ver-se como um ator especialmente legitimado). Atualmente isto se dá sobretudo no campo tecnológico. Neste sentido, podem-se constatar iniciativas como a comunidade do navegador Opera e algumas de suas iniciativas, como a de testar o Opera 8.0 durante trinta dias, com acesso mediante sindicância de conteúdos para a página web de inicialização. Da mesma forma, a campanha de lançamento do navegador de código aberto

Firefox (www.spreadfirefox.com) é um paradigma da participação da comunidade de usuários na tarefa de difundir, recomendar o produto e dar-lhe publicidade.

Consideramos que a internet deve ser um instrumento dentro da política global de comunicação de uma organização, mas sua inclusão na atividade comunicacional pode ocasionar a inclusão de novas funções dentro do gabinete, conforme sugere Fuetterer (2005):

a) Desenhar e criar conteúdos, em uma linguagem que concorde com o espírito da rede, com a cultura corporativa (ou institucional), com o público-alvo e com o *site* que contenha a informação desenvolvida. É vital que se tenham objetivos muito bem definidos na hora de elaborar os conteúdos. Estar na rede "porque a concorrência também está" ou "porque é preciso estar" são motivos obsoletos.
b) Gerar nova informação que permita a atualização constante (uma web não atualizada é uma web morta).
c) Dinamizar os públicos-alvo para criar um fluxo de visitas de acordo com os objetivos estabelecidos na estratégia de comunicação *on-line*. Neste caso, trata-se de manter os interesses e a atenção do *netizen*, o que facilita a fidelidade em longo prazo e uma predisposição positiva que pode tornar-se rentável. Esta predisposição é que fará que o usuário (no caso de uma web de grande consumo, por exemplo) se interesse pela organização e defina seus dados psicográficos e geográficos, o que permite manter um diálogo contínuo e oferecer serviços mais personalizados aos *netizens* da organização. Se o profissional de relações públicas *on-line* não conhece os perfis dos públicos aos quais se dirige, as futuras estratégias de comunicação *on-line* não terão garantido o seu êxito. Portanto, a dinamização de públicos deve vir acompanhada de técnicas de pesquisa *on-line* qualitativas e quantitativas.
d) Identificar causas relacionadas com a rede, para que a organização possa associar-se a uma delas e afiançar seu posicionamento entre segmentos determinados de usuários da in-

ternet. As organizações devem oferecer a seus *netizens* uma série de recursos que sejam alheios à sua estrutura. Há que adaptar-se ao espírito da rede.

ANÁLISE DA SITUAÇÃO PRÁTICA DOS GABINETES DE COMUNICAÇÃO *ON-LINE*

As características e a intensidade do uso da tecnologia, ao se sobreporem a uma realidade heterogênea, variarão também de acordo com as circunstâncias de cada gabinete de comunicação. As conclusões que apresentamos a seguir são fruto da análise de 1.200 páginas de organizações dos três setores (administração pública, empresas e terceiro setor) em todos os países que, como já mencionamos, têm um desenvolvimento da comunicação organizacional.

Diferentes denominações identificam, nas páginas web das organizações, o lugar onde o gabinete de comunicação realiza o seu trabalho: *media focus, media relations, news&media, press room, new&events, stampa journalism, noticias y eventos, salas de prensa, medios, newsroom* etc. Essa pluralidade já nos remete à diversidade de nomenclaturas e de definições, funções e atividades que apontamos com relação aos gabinetes de comunicação tradicionais (cf. tópico I).

A maioria dos gabinetes de comunicação se define como fonte de informação para os jornalistas (www.corondel.com) ou como seção/ferramenta de ajuda para encontrar a informação de forma rápida e fácil (http://www.fec.gov/press/press.shtml – Federal Election Commission). E, na maioria dos casos (excetuando 1% que estudaremos no tópico seguinte), funcionam dentro do modelo de agente de imprensa ou de informação unidirecional.

A radiografia das salas de imprensa *on-line* revela uma situação similar à que se registra nos gabinetes de comunicação tradicionais. Em geral, as grandes diferenças estão nas dimensões da organização e no seu envolvimento com a comunicação organizacional. Enquanto as entidades de menor porte praticamente não têm departamentos *on-line*, no caso das principais organizações públicas, privadas e do terceiro setor a presença na internet é inevitável. Todas oferecem um serviço de atualidade e de notícias sobre elas, além de contato com a mídia. Em uma porcentagem menor, mas superior a 50%, as cem maiores empresas, trinta governos dos países mais relevantes e vinte das principais ONGs de todo mundo disponibilizam ferramentas de transmissão e arquivo de informação (fundamentalmente, notas de imprensa e agenda de atividades), contato para os jornalistas e, em alguns casos, dossiês de informação mais completos e recortes de imprensa denotando sua aparição em meios de comunicação. Em geral, especialmente no caso de empresas, elas apresentam uma gestão muito boa da informação e facilidade de acesso. É muito escasso o número das que tentam dar um passo em termos de interatividade por meio de instrumentos como os fóruns ou sistemas de avisos. Portanto, a maioria estaria dentro do que descrevemos como gabinetes *on-line* 1.0 ou 2.0.

Entre estes encontramos as seguintes situações:

a) sem sala de imprensa nem atualidade;
b) somente atualidade (notícias) e informação sobre a organização, mas sem interatividade com os meios de comunicação;
c) sala de imprensa – espaço destinado à transmissão de informação e/ou comunicação com a mídia.

Os instrumentos de que habitualmente se valem, em sintonia com o modelo de comunicação, são os que disponibilizam informação atual sobre a atividade de comunicação dos atores da organização. Esta é fundamentalmente a agenda, que pode consistir simplesmente em: atos da alta administração da entidade; notas e comunicados de imprensa; discursos e manifestações dos dirigentes; dossiê com informação mais ampla e contextualizada, com temas de interesse para a mídia. Entre os elementos que possibilitam a interatividade se destaca o uso do endereço de e-mail e, raramente, de fóruns ou *chats*.

A maioria dos departamentos de comunicação consegue dois grandes espaços nas páginas eletrônicas da organização:

normalmente, como elemento importante na capa, aparecem as últimas notícias e/ou notas de imprensa; e um espaço reservado à mídia, ou seja, ao gabinete de comunicação, com maior ou menor importância no desenho das páginas. Existem, contudo, páginas que delineiam a sala de imprensa de forma difusa, isto é, com elementos e espaços diversos que se apresentam em lugares distintos da web ou, até mesmo, dentro de outros (como publicações).

A comunicação organizacional, como a entendemos neste texto, é um fenômeno recente, que ainda não adotou as mudanças motivadas pelos avanços tecnológicos registrados, especialmente pela mídia impressa, década após década. Hoje talvez possamos falar do começo de uma das primeiras grandes transformações da área, impulsionada, inicialmente, por fatores extrínsecos à atividade. Como assinalávamos, as modificações estarão marcadas pela possibilidade de uso de novos canais e modelos de comunicação; pelo incremento de gabinetes de comunicação que surgirão graças à utilização das novas tecnologias e à importância da informação na sociedade contemporânea; pelas possíveis transformações de modelos comunicativos; e pelas mudanças no receptor da informação (meios de comunicação).

As potencialidades descritas se ligam tanto à insistência, por parte da maioria dos pesquisadores da comunicação, quanto às possíveis mudanças da rotina produtiva (Arroyas Langa et al., 2004)[15]. Pode-se supor que a irrupção da internet provoca uma mudança na sistemática de trabalho dos profissionais da comunicação devido, entre outros fatores, ao fato de que a rede permite a um jornalista fazer entrevistas *on-line* e reunir-se com profissionais de outros lugares ou buscar informações para escrever suas matérias sem necessidade de mover-se da redação. A internet converteu-se em uma valiosíssima ferramenta com a qual os jornalistas contam para pesquisar e documentar seus textos, tendo eles sabido aproveitar as novas possibilidades de trabalho que a tecnologia lhes proporciona.

---

15. Ver também Palacio (2003), que apresenta uma análise sobre a influência das novas tecnologias na atividade dos correspondentes de guerra.

Se entendermos por rotina produtiva as formas de comportamento consolidadas na profissão do jornalismo, assimiladas por costume e habitualmente executadas de forma mecânica, que estão presentes em todo o processo de elaboração da informação e podem chegar a repercutir na mensagem transmitida à audiência[16], as mudanças podem dar-se em dois níveis.

No primeiro nível as transformações se situam em um ambiente *off line*, mas que emprega uma nova tecnologia como canal de informação. Neste sentido, todos os jornalistas consultados, tanto na área autônoma, como na local e na nacional, reconhecem a inclusão das TICs em seu trabalho diário a partir das últimas décadas. As transformações neste âmbito podem ser praticamente inexistentes (em lugar de recorrer ao fax se recebe a mensagem diretamente do computador pessoal[17]) ou envolver mudanças que não afetam a estrutura da mensagem ou do processo comunicativo, como a diminuição de custos e, inclusive, o tempo de trabalho (a transmissão da informação mediante correio eletrônico ou página eletrônica permite ao jornalista realizar o que se denomina corta-e-pega da mensagem recebida, sem necessidade de elaborá-la ou escrevê-la de novo). Este nível de transformações depende menos da disponibilização do gabinete de comunicação do que da utilização que dele fazem os jornalistas, mas, normalmente, coincide com uma baixa oferta do departamento de comunicação (basicamente de nível 1.0).

Num segundo nível estariam as modificações provocadas em conseqüência da utilização de um ambiente *on-line*. Embora,

---

16. Para mais informações, ver: Tuchman, 1983); Fishman (1985); Gabarino (1985); Túñez López (1999).
17. Neste sentido chama a atenção o relato feito por alguns jornalistas de âmbito local sobre a primeira etapa de implantação da internet nas redações. Eles comentam como as rotinas produtivas do fax foram copiadas de forma exatamente igual para o uso do correio eletrônico, de tal forma que na redação só existia um endereço, ao qual tinham acesso apenas os chefes, que, assim como ocorria antes com o fax, distribuíam a cada seção os assuntos que chegavam. Evidentemente, os riscos e inconvenientes desta implementação da tecnologia foram diversos, mas acabaram sendo superados praticamente em todas as redações dos meios de comunicação.

como mencionamos, a existência de um gabinete de comunicação descrito nos níveis 2.0 e 3.0 não implique diretamente modificações nas rotinas produtivas, este tipo costuma registrar-se quando os jornalistas utilizam estes gabinetes de comunicação. Podemos fazer referência a três tipos de modificações das rotinas produtivas: a) pela utilização de um espaço virtual de transmissão da informação e/ou comunicação; b) pela criação de uma relação virtual entre o gestor de comunicação e os funcionários do gabinete de comunicação e os jornalistas; c) pela constituição de ambientes de trabalho virtuais.

No primeiro caso, seriam transformados basicamente a mensagem e o canal. Neste sentido, a tecnologia permite a transmissão em tempo real, além do incremento de informação e de seu armazenamento para consulta em qualquer momento. Uma correta aplicação da tecnologia neste nível permite que o gabinete de comunicação obtenha uma pequena dose de *feedback* por meio da análise dos hábitos de consumo e uso dos jornalistas. Em princípio, as transformações se produzem basicamente em termos de quantidade de informação de que o jornalista dispõe e de relação com o tempo de elaboração da mensagem jornalística. O profissional dos meios de comunicação conta com um arquivo de informação atemporal que poderá consultar a qualquer momento, evitando os horários rígidos de convocação da imprensa, por exemplo, no caso de uma coletiva de imprensa que possa ser arquivada. Isto não se dá dessa forma nos primeiros meses de implantação das ferramentas tecnológicas, mas ocorre em uma passagem das rotinas especiais e temporais do trabalho *off line* para a realidade virtual.

No segundo caso, mantêm-se as características do primeiro nível e, além disso, se incrementa o *feedback* pela criação de uma comunicação virtual entre o gestor de comunicação e os jornalistas. Aqui, não só existe uma transformação do canal e da mensagem, mas há maior abertura por parte do gabinete de comunicação e maior participação dos jornalistas. As transformações do ponto de vista dos jornalistas se veriam, além das do caso anterior, incrementadas pela reconquista de um jornalista ativo.

No terceiro caso, cria-se um ambiente virtual em que os jornalistas da mídia e gabinetes de comunicação interagem para a criação do discurso jornalístico. As características da rede se transferem para as rotinas produtivas dos jornalistas (rompem-se as barreiras de espaço e tempo; opta-se pela multimidialidade; esvai-se a diferença entre emissor e receptor etc.).

Contudo, em que pesem as possibilidades teóricas, na atualidade, não há modificações importantes analisadas do campo informativo. A implantação da nova ferramenta de comunicação necessitará de mais ou de menos tempo, dependendo do nível de acesso e de uso da nova tecnologia por parte dos profissionais dos gabinetes de comunicação e dos meios. Porém, independentemente desta primeira entrada ou utilização da ferramenta, as transformações importantes no processo produtivo implicam um período mínimo de implementação e, sobretudo, o posicionamento do gabinete de comunicação em um nível de, pelo menos, 2.0, minoritário no momento, como observamos nas páginas anteriores.

Do ponto de vista dos jornalistas, os resultados obtidos nas entrevistas indicam que a maioria se situa no primeiro nível, ou seja, em um ambiente basicamente *off line*, inclusive os jornalistas digitais, no que se refere ao emprego de novas tecnologias da comunicação em seu relacionamento com os departamentos de comunicação das diferentes organizações. Neste sentido, registra-se a utilização massiva das tecnologias da comunicação (especialmente o correio eletrônico) para a transmissão de informação, mas ela não se vê correspondida com um uso das salas de imprensa (a existência de gabinetes 1.0 ou 1.1 não muda as rotinas produtivas, já que os jornalistas, ao não encontrar informação atualizada e útil para seu trabalho, não recorrem de forma periódica e sistematizada a estes lugares na rede).

Enquanto os jornalistas da mídia local não se valem praticamente nunca das salas de imprensa, no caso dos meios de âmbito nacional a cifra é de escassos 5%. Os jornalistas revelam que usam cada vez mais a internet como fonte de informação importante, mas não a sala de imprensa.

Todos os entrevistados manifestaram seu interesse em utilizar das salas de imprensa e suas vantagens na hora de realizar seu trabalho, em termos tanto de comodidade como de recebimento de informação. Eles dizem que não as utilizam porque elas não estão atualizadas. Os jornalistas de meios digitais, especialmente, acham que as salas de imprensa trabalham com a mentalidade de meios tradicionais, num ritmo inadequado para suas necessidades laborais. Dos consultados, 80% assinalam que não as utilizam porque não incluem informação suficiente ou porque "não incluem a que interessa". Um número mais reduzido (30%) aponta erros graves de salas, como a ausência de endereços de contato com o responsável pela imprensa ou indicações para solicitar esclarecimentos ou informações mais amplas. Entre as salas de imprensa, as que recebem mais pontos são as das páginas de política.

Dentre os elementos da sala de imprensa, os jornalistas valorizam principalmente os dossiês e as notas de imprensa. Não dão demasiada importância ao suporte ou ao formato da informação. Por outro lado, não se dizem descontentes com o formato, mencionando que, se está disponível a informação, não importa que eles mesmos solicitem o hipertexto, a fotografia ou o corte de áudio ou vídeo necessários.

Os profissionais envolvidos num ritmo de trabalho mais exigente (especialmente os de emissoras de rádio e de meios com menos pessoal) assinalam que só utilizam a informação que chega pelo correio eletrônico pessoal, já que não dispõem de tempo suficiente para recorrer à página web e buscar a informação.

A análise das respostas dos jornalistas nos leva a concluir que não houve por ora uma mudança do campo informativo que se devesse ao uso das novas tecnologias nos gabinetes de comunicação. Isto se dá porque, embora generalizado tanto em termos de infra-estrutura como de oferta em todos os âmbitos e suportes, seu uso não passa de uma nova forma de transmissão da informação, que não mudou nem quanto ao conteúdo nem quanto ao processo de comunicação.

Quando e por que montar um gabinete *on-line*

Considerações preliminares

A presença de um gabinete de comunicação na internet não só implica o desenho e a manutenção de uma sala de imprensa por meio da qual se transmite informação, mas também supõe novas mensagens e novas formas de comunicar, que devem estar em sintonia com a política de comunicação da organização. A rede se converte em mais um instrumento ou em uma estratégia concreta dentro do plano de comunicação.

Por isso, antes de tudo, há que se pensar em quais são os objetivos desse novo elemento dentro da política de comunicação da organização (metas, estratégias a seguir, recursos técnicos e humanos necessários, custos de implantação, auditoria e avaliação) e, uma vez delineados, buscar e eleger os instrumentos que a rede disponibiliza para seu alcance. Uma decisão às avessas pode induzir a erros, ou porque o instrumento não funcionará, impedindo a obtenção dos resultados desejáveis no contexto da organização, ou porque a tecnologia não é neutra, podendo acarretar conseqüências imprevistas. Outro ponto a considerar é a dificuldade inerente aos gabinetes *on-line* quanto a ferramentas ou aos conhecimentos tecnológicos necessários. A tecnologia oferece hoje diversas possibilidades a cada objetivo comunicacional, no que se refere tanto a investimentos como a conhecimentos técnicos exigidos. Antes de iniciar o planejamento, convém ter em conta que a presença do gabinete de comunicação na rede já envolve uma aposta na inovação de sua imagem. Além disso, em linhas gerais, julgamos imprescindível que se cumpram os seguintes requisitos para o gabinete de comunicação estudar a possibilidade de criar uma sala de imprensa virtual:

1) Se a organização quer ir além do uso da internet como um simples canal de comunicação e opta por: a) ter presença na internet; e b) criar na rede um espaço de comunicação entre ela e seus diferentes públicos (no caso, os meios de comunicação).
2) Se o projeto do gabinete de comunicação está de acordo com a política comunicacional da organização (tanto em filosofia como em recursos).
3) Se ele dispõe dos meios técnicos e, sobretudo, dos conhecimentos exigidos.
4) Se os interlocutores compartem os recursos necessários (conhecimentos, atitudes e aptidões humanas e técnicas).

Bases do projeto

Conforme mencionamos, de início há que se considerar, sobretudo, a existência de uma política de comunicação com objetivos, estratégias e planos de implementação e avaliação perfeitamente delineados. Devemos ter em conta que a tecnologia comunica, que nossas opções tecnológicas também contribuem para a imagem da organização e que cada instrumento que abordamos na seqüência terá algumas conseqüências negativas e positivas. Não podemos nos esquecer de que uma tecnologia mal utilizada (porque mal pensada) incorre em custos de recursos humanos, técnicos e, sobretudo, de imagem.

A primeira fase para introduzir uma nova tecnologia em nosso trabalho diário é avaliar a situação e definir os objetivos que queremos alcançar com sua adoção, fazendo uma análise de custo-benefício em sentido mais amplo. Uma segunda fase, paralela à anterior em tempo e em importância, é a inclusão dessa tecnologia no plano de comunicação.

A tecnologia é uma poderosa ferramenta a serviço da estratégia da organização e da transformação dos processos de seu negócio. Um dos erros que costumam ocorrer é a implantação, sem planejamento, de um sistema de comunicação excessivamente grande para suas necessidades ou que ela não tenha capacidade de manter (por exemplo, produzir conteúdos suficientes e adequados para o meio ou colocar em rede textos tradicionais lineares quando isto seguramente supõe um custo muito significativo para a organização e nenhum benefício que o justifique para a atividade do gabinete de comunicação). Entre os erros que ocorrem destacamos que os receptores não têm TICs ou programas compatíveis, não estão familiarizados com a ferramenta ou não a conhecem.

É necessário conhecer os mecanismos para a implantação ou a melhoria de uma ferramenta tecnológica no trabalho diário, para que se minimizem os riscos e se otimize o benefício. Faz-se imprescindível controlar a implantação e a manutenção ao longo de sua vida. Também é fundamental adaptar a tecnologia a seu contexto de utilização. Entre as causas que habitualmente levam um gabinete de comunicação a passar para a rede podem-se salientar as seguintes:

a) Não-preenchimento das necessidades atuais: neste caso, pode ser que se trate de um projeto inteiramente novo, automatizando um processo ou parte dele, ou talvez que seja necessário substituir tecnologias obsoletas que não propiciam um deslanche no que se refere ao desempenho exigido.
b) Liberação de recursos: é um dos motivos mais corriqueiros e tradicionais. Melhorar a eficiência deixa disponíveis recursos que podem ser utilizados para outras tarefas. A liberação de recursos não existe sempre e não é de curto prazo; trata-se de um investimento.
c) Melhora da qualidade da informação.
d) Novas ofertas de serviços.
e) Novas oportunidades não só de obter informação, como também de estabelecer comunicação, *feedback* e pesquisa com o público-alvo (neste caso, os meios de comunicação do ambiente da organização).

Devemos levar em conta o ciclo de vida do projeto, que se pode dividir nas seguintes fases:

1) Estudo de viabilidade: somente projetos que proporcionam melhorias ou satisfazem alguma necessidade a um custo razoável deveriam passar por esse filtro.
2) Análise funcional: estabelece-se que funcionalidade terá a tecnologia a ser adotada, o que ela vai proporcionar.
3) Desenho: decide-se a maneira como se pretende conseguir essa funcionalidade, o "como" do projeto.
4) Testes: realizam-se algumas comprovações para verificar se o sistema construído funciona corretamente, dentro das especificações.
5) Implantação: executa-se o projeto, segundo uma estratégia planejada.
6) Manutenção: fazem-se aperfeiçoamentos e modificações ditadas pela experiência adquirida com o uso e a necessidade de adaptar-se a novas exigências.

Os recursos humanos que, além dos usuários, se fazem necessários são compostos pelas pessoas que utilizam a tecnologia em seu trabalho diário e pelos especialistas em TICs, indivíduos cujo trabalho é precisamente o desenvolvimento e a manutenção das ferramentas tecnológicas da organização (pessoal interno e externo).

Um fator que devemos levar em consideração é a possível resistência a mudanças por parte dos diferentes setores e das pessoas envolvidas no uso das TICs. Quando se introduz uma nova ferramenta tecnológica, o impacto afetará pessoas e seus papéis. Processos são modificados, tarefas que eram imprescindíveis desaparecerão (mesmo que se trate apenas de ir a uma coletiva de imprensa) e, com elas, as responsabilidades inerentes a elas. Isto pode representar um risco para o *status* adquirido.

Quanto ao pessoal técnico, sua necessidade dependerá do nível do gabinete de comunicação *on-line*. Se a organização decide criar um gabinete de comunicação, deve contar com o apoio de seu setor de informática, já que será necessário acudir ao desenho e à programação. Por outro lado, para os gabinetes pequenos existem programas gratuitos e de fácil acesso. Estes apresentam dois problemas: a) falta de flexibilidade; b) possíveis problemas com a imagem corporativa.

Portanto, devemos: 1) estudar a situação e conhecer as necessidades ou possibilidades de melhorias para além da adoção das TICs; 2) fazer análises de custo-benefício; 3) delinear a introdução das TICs dentro do plano de comunicação, com objetivo, implementação e funções explícitas; 4) proceder à análise e avaliação da experiência para melhorar.

Prós e contras em relação à rede

Indicamos a seguir algumas possibilidades que a rede propicia para o trabalho em um gabinete de comunicação, insistindo na necessidade de a aplicação de uma ou de várias delas estar perfeitamente integrada no plano de comunicação da organização, porque, senão, poderiam ocorrer efeitos contrários aos desejados:

a) Incrementar e melhorar o processo atual de informação unidirecional para os meios de comunicação. Torná-lo bidire-

cional, de forma que a organização tenha informação do uso que os meios fazem da informação da organização. Distribuir mensagens mais aprofundadas.
b) Estabelecer uma comunicação permanente e em tempo real com os interlocutores. Melhorar o tempo da comunicação, nessa era da velocidade.
c) Reduzir custos.
d) Personalizar a informação (fornecendo mais dados e disponibilizando diferentes versões de conteúdo e de formas de comunicar adaptadas ao receptor) e a comunicação (enviando mensagens a outros terminais de provedores; correio eletrônico; PDA etc.).
e) Criar novas formas de comunicação.
f) Divulgar a organização pela internet (fóruns, *chats*, porta-vozes de diferentes tipos).
g) Aumentar os públicos-alvo com os *netizens*.
h) Pesquisar a organização na rede e os hábitos de uso dos jornalistas e dos destinatários da informação organizacional, para facilitar uma informação mais de acordo com as necessidades.
i) Oferecer multimídia.
j) Oferecer arquivo e possibilidade de revisão continuada.
k) Por fim, como uma razão a mais para a criação de um departamento de comunicação *on-line*, a possibilidade de conhecer a imagem da organização na rede.

Contudo, a utilização de um gabinete de comunicação *on-line* também tem seus riscos, especialmente no curto prazo, se não se conta com um bom planejamento desde o início. Dentre esses inconvenientes, destacamos:

a) Acesso incontrolado à informação por parte de um número maior de pessoas. Trata-se de um inconveniente derivado normalmente do uso incorreto da tecnologia, já que esta hoje permite não só filtrar a mensagem enviada ou inserta, como também conhecer as pessoas que a visitam ou utilizam.
b) Incremento das possíveis críticas à organização. Como veremos mais detidamente no tópico seguinte, a rede permite

que mais usuários se convertam em emissores da informação. Também existe o perigo dos *hackers*.
c) Aumento dos custos de recursos técnicos e humanos em curto prazo. A implantação de uma nova tecnologia envolve a necessidade de pessoal especializado e um período de adaptação.
d) Supervalorização da forma, em detrimento do conteúdo.

Considerações finais

A chegada das diferentes tecnologias aos departamentos de comunicação modificou continuamente sua forma de trabalho. Da máquina de escrever ao computador, do correio comum ao fax e ao correio eletrônico, do *vis-à-vis* à comunicação massiva, mudaram as formas de relacionamento das organizações com seus públicos. À medida que isso acontecia, a comunicação também ia se profissionalizando, com o surgimento de gabinetes de comunicação encarregados de criar ou consolidar uma imagem positiva delas na denominada opinião pública.

Contudo, poderiam chegar a existir diferenças importantes com as transformações que estão se forjando na atualidade. A primeira delas, as facilidades que a tecnologia propicia para que uma parte da população se converta em emissora. A concorrência dos gabinetes de comunicação aumenta, porque serão em número cada vez maior as entidades conscientes da importância de elaborar uma comunicação positiva e corretamente planejada e também porque aumentam os focos de criação de "estados de opinião" sobre a organização. Portanto, o gestor de comunicação não só terá de transmitir informação, mas também deverá administrá-la corretamente para competir com um incremento importante das fontes de informação e dos fluxos informativos e, por outro lado, terá de conhecer outros canais de comunicação nos quais se possa falar de sua organização.

Uma segunda conclusão é que as tecnologias, em seu estágio atual, não apenas permitem modificar o canal de transmissão como acontecia anteriormente, mas também afetam o código e a própria comunicação em si. A internet não só altera o espaço técnico e os níveis de rapidez e disponibilidade, como também pode gerar significados positivos e negativos para a própria mensagem. Transformam-se os códigos, mas também a própria mensagem.

Finalmente, a internet é um espaço de comunicação em si mesmo, que gera mensagens como resposta às mensagens elaboradas pelo próprio gabinete. Além disso, a utilização correta da tecnologia dá uma imagem de "modernidade" e de "tecnologia" à própria organização que se vale dessa via de comunicação.

Em suma, as tecnologias da comunicação estão se convertendo em um novo lugar de comunicação ao qual deverão acorrer todas as organizações que queiram sobreviver na nova era. Por ora, a brecha foi aberta, com as grandes organizações se fazendo presentes de forma ativa e positiva na rede e a maioria às voltas com uma concepção errônea da internet, ao considerar que se trata de uma inovação tecnológica similar às anteriores, ou seja, com implicações apenas na transmissão e não na mensagem em si.

Referências bibliográficas

ARCEO VACAS, José Luis (coord.). *Las relaciones públicas en España*. Madri: McGraw-Hill, 2004.

ARROYAS LANGA, Enrique et al. *El comunicador digital: transformaciones en las rutinas y perfiles profesionales de la comunicación en los nuevos entornos tecnológicos*. Murcia: Universidad Católica, 2004.

BARQUERO CABRERO, José Daniel. *Comunicación estratégica: relaciones públicas, publicidad y marketing*. Madri: McGraw-Hill, 2004.

BERNAYS, Edward. *Relaciones públicas*. Buenos Aires: Tronquel, 1966.

BEZUNARTEA, Ofa; DEL HOYO, Mercedes e MARTÍNEZ, Florencio. *Lecciones de reporterismo*. Bilbao: Servicio Editorial de la Universidad del País Vasco, 1998.

BORJA, Jordi e CASTELLS, Manuel. *Local y global*. Madri: Taurus, 1997.

CANGA LAREQUI. *La prensa y las nuevas tecnologías: manual de redacción electrónica*. Madri: Deusto, 1988.

CAPON GARCÍA, J. Luis. Blogdid. Disponível em <http://blogdid.blogspot.com/>. Acesso em 1º jun. 2005.

CASTELLS, Manuel. *La era de la información: economía, sociedad y cultura*. Madri: Alianza Editorial, 1997/1998/1998 (vol. 1, 2 e 3).

_____. *La galaxia internet*. Barcelona: Plaza & Janés, 2001.

CASTELLS, Manuel. *Local y global*. Madri: Taurus, 1997.
CASTILLO ESPARCIA, Antonio. La aplicación de las tecnologías de la comunicación en la comunicación corporativa. In: MÉNDEZ NOGUERO, Alfonso; NOGUERO, Alfonso e VICTORIA, Juan Salvador (coords.). *Publicidad, comunicación y marketing en internet: reiniciar el sistema*. Actas de las III Jornadas de Publicidad Interactiva. Málaga: Diputación de Málaga, 2002.
COROMINES, J. *Diccionario crítico etimológico de la lengua castellana*. Madri: Gredos, 1976.
CUTLIP, S. M.; CENTER, A. H. e BROOM, G. M. *Effective public relations*. 8. ed. Upper Saddle River: Prentice Hall, 2000.
DEL RÍO, Miguel (ed.). *Gabinetes de prensa: la comunicación en las instituciones y en las empresas*. [s. l.]: Els autors, 2001.
DÍEZHANDINO, M. Pilar e COCA, César. *La nueva información: análisis de la evolución temática de los contenidos de la prensa vasca (1974-1995)*. Bilbao: Servicio Editorial de la Universidad del País Vasco, 1997.
FERRER, Joan. *La comunicación interna y externa en la empresa*. [s. l.]: [s. n.], 2000.
FISHMAN, Mark. *La fabricación de la noticia*. Buenos Aires: Tres Tiempos, 1985.
FUETTERER, Stephan. ¿Relaciones públicas on line? Disponível em <www.bestrelations.com/botonera.html>. Acesso em 18 jan. 2005.
GABARINO, Andrea. *Sociología del giornalismo: professione, organizzazione e produzione di notizie*. Torino: Edizioni RAI, 1985.
GARCÍA OROSA, Berta. *Los altavoces de la actualidad: radiografía de los gabinetes de comunicación*. La Coruña: Netbiblio, 2005.
GIBSON, Dirk. A quantitative description of FBI public relations. *Public Relations Review*, 23 (1), primavera 1997.
GRUNIG, J. E. e HUNT, T. Managing public relations. Nova York: Holt, Rinehart and Winston. In: NESSMANN, Karl. Public relations in Europe: a comparison with the United States. *Public Relations Review*, 21 (2), verão 1995.
HARMON, W. e JONES, M. G. The five levels of web use in educations factors to consider in planning on line. *Education Technology*, 39/6, [s. d.].
HUTTON, James. The definition, dimensions and domain of public relations. *Public Relations Review*, 2, 1999.
KAPLAN, Ann. *Postmodernism and its discontents: theories, practices*. Londres: Verso, 1993.
LEE, M. The federal public relations administration: history's near miss. *Public Relations Review*, 28, 2002.
LOSADA DÍAZ, José Carlos (coord.). *Gestión de la comunicación en las organizaciones*. Barcelona: Ariel, 2004.
LUCAS MARÍN, Antonio. *La comunicación en la empresa y en las organizaciones*. Barcelona: Bosch, 1997.
MARTÍ PARREÑO, José. *Publicidad y entretenimiento en la web*. Madri: Ra-ma, 2004.

MARTÍN, Fernando. *Comunicación empresarial e institucional.* Madri: Universitas, 1999.

_____. *Comunicación en empresas e instituciones: de la consultora a la dirección de comunicación.* Salamanca: Ediciones Universidad de Salamanca, 1995.

MATTELART, A. *La comunicación-mundo: historia de las ideas y las estrategias.* Madri: Fundesco, 1993.

MATTELART, A. e STOURDZE, Y. *Tecnología, cultura y comunicación.* Barcelona: Mitre, 1984.

MÉNDEZ NOGUERO, Alfonso; NOGUERO, Alfonso e VICTORIA, Juan Salvador (coords.). *Publicidad, comunicación y marketing en internet: reiniciar el sistema.* Actas de las III Jornadas de Publicidad Interactiva. Málaga: Diputación de Málaga, 2002.

MUNFORD, L. *El mito de la máquina.* Buenos Aires: Emecé, 1969.

NEGROPONTE, N. *El mundo digital.* Barcelona: Burguesa, 1995.

NESSMANN, Karl. Public relations in Europe: a comparison with the United State. *Public Relations Review,* 21 (2), verão 1995.

OHL, Coral M. et al. Agenda building role of news releases in corporate takeovers. *Public Relations Review,* 21 (2), verão 1995.

PALACIO, Gorka J. *Nuevas tecnologías e información audiovisual digital.* Bilbao: Servicio Editorial de la Universidad del País Vasco, 2003.

RAMÍREZ, Txema. *Gabinetes de comunicación: funciones, disfunciones e incidencia.* Barcelona: Bosch, 1995.

ROSZAK, Theodore. *El culto a la información.* Barcelona: Crítica, 1988.

SALAS NESTARES, María Isabel. *La comunicación publicitaria interactiva en internet.* Valência: Fundación Universitaria San Pablo, 1999.

SARTORI, G. *Homo videns: la sociedad teledirigida.* Madri: Taurus, 1998.

SECO, M.; ANDRÉS, O. e RAMOS, G. *Diccionario del español actual.* Madri: Aguilar, 1999.

SIGAL, León. *Reporteros y funcionarios: la organización y las normas de elaboración de noticias.* México: Gernika, 1978.

SMITH, Anthony. *Goodbye Gutenberg: la revolución del periodismo electrónico.* Barcelona: Gustavo Gili, 1983.

SOTELO ENRÍQUEZ, Carlos. *Introducción a la comunicación institucional.* Barcelona: Ariel, 2001.

_____. Historia de la gestión de la comunicación en las organizaciones. In: LOSADA DÍAZ, José Carlos (coord.). *Gestión de la comunicación en las organizaciones.* Barcelona: Ariel, 2004.

TOFFLER, A. *La tercera ola.* Barcelona: Plaza & Janés, 1996.

TOTH, Elizabeth. Postmodernism for modernist public relations: the cash value and application of critical research in public relations. *Public Relations Review,* 28, 2002.

TREJO DELABRE, Raul. *La nueva alfombra mágica.* Madri: Fundesco, 1996.

TUCHMAN, Gaye. *La producción de la noticia.* Barcelona: Gustavo Gili, 1983.

Túñez López, Miguel. *Producir noticias: cómo se fabrica la realidad periodística.* Santiago de Compostela: Tórculo, 1999.

Varela, Juan. Disponível em <http://periodistas21.blogspot.com/>. Acesso em 3 jun. 2005.

Villafañe, Justo (coord.). *El estado de la publicidad y el corporate en España.* Madri: Pirámide, 2002, 2003 e 2004.

Villafañe, J.; Bustamante, E. e Prado, E. *Fabricar noticias: las rutinas productivas en radio y televisión.* Barcelona: Mitre, 1987.

Walters, T. N.; Walters, L. M. e Gray, Roger. Agenda building in the 1992 presidential campaign. *Public Relations Review*, 22 (1), primavera 1996.

Wolf, Mauro. *La investigación de la comunicación de masas.* Buenos Aires: Paidós, 1991.

6

PERSPECTIVAS E CONTRIBUIÇÕES DAS RELAÇÕES PÚBLICAS NA GESTÃO DE MARCAS CORPORATIVAS

SOFIA GAIO

Os bens intangíveis das empresas, de forma crescente, vêm se tornando fatores estratégicos para a criação de valor e competitividade. Enquanto, durante muitos anos, a grandeza de uma empresa era essencialmente avaliada em função dos seus ativos materiais, atualmente essa avaliação incorpora cada vez mais valias intangíveis, como os recursos humanos, a marca e os serviços que acrescentam valor e garantias à competitividade organizacional. Em termos comerciais e competitivos a marca pode apresentar-se como um dos principais e mais interessantes bens intangíveis de uma empresa.

A marca corporativa: contextualização

Durante muitos anos restritas a um papel identificador do produto e do fabricante, reconhece-se atualmente o potencial estratégico, financeiro e comercial das marcas, o que contribui para que estas ganhem novas dimensões e deixem de servir apenas para correlacionar os produtos aos fabricantes. À função de identificação juntam-se outras com valor para o consumidor e para a empresa. Para Kapferer (1991, p. 8), "a marca identifica o produto e revela a sua identidade, ou seja, as facetas da sua diferença: valor de utilização, valor de prazer e valor de reflexo do próprio comprador".

Na perspectiva do consumidor a marca tem a capacidade de:

- *Diferenciar* – A associação do nome aos atributos do produto ou da empresa permite de forma quase imediata a distinção ante os concorrentes.
- *Oferecer garantias* – Em função do seu posicionamento, a marca proporciona segurança e confiança ao consumidor, contribuindo para diminuir riscos psicológicos associados à compra.
- *Acrescentar valor* – A marca apresenta-se como um elemento valorizador do produto, bem como da experiência proporcionada pela sua aquisição.
- *Personalizar* – Por meio das suas opções os consumidores acabam por manifestar os seus gostos, as suas necessidades, o que reflete, ainda que parcialmente, a sua individualidade.

Por outro lado e na perspectiva da empresa, a marca permite:

- *Posicionar* – Por intermédio da marca a empresa se faz conhecida no mercado, ao mesmo tempo que se diferencia dos seus concorrentes.
- *Capitalizar investimento* – A marca permite rentabilizar o investimento de comunicação em termos de longo prazo e acrescenta valor financeiro à empresa.
- *Proteger* – A marca ajuda a empresa a proteger-se de eventuais imitações e contribui para minimizar percepções desfavoráveis que possam advir de situações de crise.
- *Fidelizar* – O cunho da marca contribui para o desenvolvimento do marketing relacional entre a empresa e os seus diferentes públicos.

Sendo a principal finalidade da marca o estabelecimento de uma relação entre o consumidor e o produto e achando-se as empresas conscientes da capitalização comercial dessa relação, verifica-se que cada vez mais os pressupostos e processos de *branding* vêm sendo aplicados à organização no seu todo, contribuindo para que a relação emocional consumidor–produto se estenda a consumidor–empresa.

> Uma marca não era apenas uma mascote, um lema ou uma imagem impressa na etiqueta do produto de uma companhia; a companhia, no seu todo, podia ter uma identidade de marca. (Klein, 2002, p. 29)

A marca corporativa, também denominada marca institucional ou organizacional, remete à aplicação dos pressupostos da gestão e comunicação de marca de produto à instituição (com ou sem fins lucrativos) e tem sido objeto de estudo, essencialmente a partir da década de 1990, para autores como Olins (2000, 2001), Balmer (2001), Balmer e Greyser (2003), Hatch e Schultz (1997, 2001) e Argenti e Druckenmiller (2004).

Para Argenti e Druckenmiller (2004, p. 369), a marca corporativa pode ser definida como "uma marca que abarca toda a organização (à qual podem estar subjacentes marcas de produto) e que transmite expectativas acerca do que a empresa terá capacidade para oferecer".

PRINCIPAIS VANTAGENS DO DESENVOLVIMENTO DE POLÍTICAS DE MARCA CORPORATIVA

O aumento do interesse por parte de acadêmicos e gestores em torno da temática da marca corporativa advém essencialmente do reconhecimento das vantagens que uma política neste nível pode representar a serviço dos objetivos organizacionais. Tais valias vêm sendo destacadas por autores como Keller (2000), Ind (1997), Aaker (2004) e Hatch e Schultz (2003), podendo ser sistematizadas da seguinte forma:

Vantagens das políticas de marca corporativa

Vantagens diretas	Vantagens indiretas
• Promovem o reconhecimento pela empresa • Posicionam a empresa • Dão crédito à empresa • Diferenciam a empresa • Protegem a empresa • Apóiam as vendas • Criam valor financeiro	• São uma fonte de atração no recrutamento • Aumentam o sentido de grupo • Favorecem parcerias estratégicas • Facilitam o estabelecimento e desenvolvimento de relações com fornecedores e distribuidores • São uma âncora para os esforços de marketing

Na sua definição mais genérica, o marketing, é o conjunto dos métodos e dos meios de que uma organização dispõe para promover, nos públicos pelos quais se interessa, os comportamentos favoráveis à realização dos seus próprios objetivos. Percebe-se facilmente que esses comportamentos favoráveis dependem em larga medida da capacidade da empresa de transmitir uma imagem de rigor, eficácia e confiança, o que é potenciado pelo investimento na marca organizacional.

Desta forma, a marca organizacional, ainda que de forma indireta, tende a contribuir para acrescentar valor aos produtos e serviços oferecidos pela empresa, como comprovam, entre outros, os estudos do Marketing Science Institute (1997) e da Mori (2003) acerca dos efeitos que políticas de marca corporativa produzem na intenção de compra.

Simultaneamente, a marca de nível organizacional tem a capacidade de contribuir para a inibição à recordação de marcas concorrentes e para o fomento de relações de familiaridade com os públicos. Ao mesmo tempo, potencia o sentimento de pertença e fornece à empresa condições favoráveis para a captação, a motivação e o envolvimento de novos recursos humanos, parceiros, fornecedores e distribuidores.

O investimento numa política de marca corporativa ajuda também a empresa a proteger-se em situações de crise e ambientes de negócio hostis, contribuindo para criar uma espécie de reservatório de *goodwill* fundamental para situações e contextos menos favoráveis.

Outra valia que tem constituído um fator nuclear para o interesse das organizações pela marca (de produto e institucional) consiste no fato de esta representar um valor financeiro para a organização, tendo sido na década de 1980 que o Marketing Science Institute reconheceu pela primeira vez o capital da marca (*brand equity*) como um ativo das organizações.

A QUANTIFICAÇÃO DO VALOR DAS MARCAS

Em 1984, Rupert Murdoch incluiu o valor estimado das marcas das suas empresas nos balanços financeiros e usou-as como garantia para contrair empréstimos com os bancos. Desde então, o valor da marca passou comumente a ser utilizado como uma parte nuclear dos ativos financeiros das organizações.

Uma vez reconhecido o valor das marcas para a gestão, o marketing e a comunicação organizacional, desenvolvem, desde a década de 1980, esforços para encontrar modelos e parâmetros que permitam a sua quantificação e a determinação do seu valor patrimonial (Chaudhuri, 1999).

Particularmente em casos de notoriedade *top of mind* (como os que constam da tabela a seguir) o valor patrimonial das marcas, de produto ou institucional, assume inquestionável dimensão e importância para as organizações.

A quantificação do valor das marcas obriga a um encontro multidisciplinar de diferentes áreas da empresa, como relações públicas, marketing, contabilidade, finanças e outras. É absolutamente consensual a necessidade da sua quantificação, o que é um processo complexo, na medida em que implica a ponderação de um conjunto de variáveis intangíveis e de difícil mensuração, como imagem, reputação e *goodwill*, conceitos normalmente de foro qualitativo. Além disso, é extremamente complexo o processo da delimitação da marca, ou seja, da separabilidade do impacto e das valias da marca ante o impacto e as valias dos outros ativos da organização. No entanto, apesar das dificuldades e até da subjetividade do processo, a quantificação do valor da marca é, cada vez mais, um imperativo para as organizações.

As dez marcas mais valiosas do mundo
(metodologia Interbrand[1])

Ranking	Marca	Valor em 2004 (bihões de US$)
1	Coca-Cola	67,39
2	Microsoft	61,37
3	INM	53,79
4	GE	44,11
5	Intel	33,50
6	Disney	27,11
7	McDonald's	25,00
8	Nokia	24,04
9	Toyota	22,67
10	Marlboro	22,13

Fonte: Berner e Kiley (2005, p. 90).

A integração da marca corporativa na agenda organizacional torna-se cada vez mais pertinente, não só pelas valias apontadas, mas também pelos crescentes desafios impostos pela demanda social e pelos novos paradigmas de competitividade e diferenciação, que levam os públicos a procurar não só um melhor esclarecimento acerca dos produtos, mas também um

---

1. A metodologia utilizada pela empresa líder de mercado Interbrand caracteriza-se por calcular o valor das marcas em função de três tipos de variáveis: financeiras, de mercado e de marca. Na análise financeira são isolados os ganhos da marca em face das outras. Desses ganhos é retirado o efeito de juros e impostos e posteriormente é determinada a proporção de lucros atribuída a este tipo de capital intangível. Na análise de mercado é definida a porcentagem de ganhos intangíveis que podem advir da marca e de outros componentes, como o valor da rede de distribuição, as patentes, o potencial de gestão e outros. Por seu lado, a análise da marca estuda o tipo de mercado, as tendências, a aceitação e a liderança com o objetivo de determinar a probabilidade de desvalorização futura.

maior conhecimento e reconhecimento da entidade promotora deles.

Marca de produto e marca corporativa

Não obstante o consenso acerca das vantagens da extensão dos pressupostos de gestão de marca à organização, que toma por base os tradicionais instrumentos de marketing e comunicação empresarial, existem diferenças de conceito e de contexto entre marca de produto e marca institucional, que justificam uma abordagem própria e condicionam uma importação linear dos pressupostos da gestão da marca de produto à gestão da marca corporativa.

Diferenças entre marca de produto e marca corporativa

Fatores	Marca de produto	Marca corporativa
Foco	Produto ou gama de produtos	A instituição como um todo
Responsável	Gerente de produto ou diretor de marketing	Administração e relações públicas
Público-alvo	Clientes atuais e potenciais	Todos os públicos da organização
Tipo de comunicação	Comunicação de marketing	Comunicação institucional
Horizonte temporal	Curto (ciclo de vida do produto)	Longo (ciclo de vida da empresa)
Fonte	Atributos do produto	Identidade corporativa e atributos organizacionais

Fonte: Adaptado de Hatch e Schultz (2003, p. 1044).

São de fato substanciais as diferenças entre estes dois tipos de marca, basicamente porque, enquanto uma põe o foco especificamente em um produto ou uma gama de produtos, a outra toma por base toda a organização com sua heterogeneidade e complexidade, expondo sua identidade ao escrutínio de todos os públicos organizacionais, também eles muito vastos e heterogêneos.

No caso da marca institucional, todos os atos da empresa servem para solidificar a imagem de marca. Esses atos compreendem desde grandes decisões estratégicas até ações mais operacionais como o atendimento telefônico.

A gestão de marcas institucionais requer práticas muito mais complexas e multissetoriais do que as marcas de produto. Enquanto a gestão de marca de produto tem tendencialmente um horizonte temporal reduzido e pode depender exclusivamente de uma direção de produto, a marca institucional é pensada em termos de longo prazo e implica, pela sua abrangência, a gestão de relações públicas e o envolvimento da administração.

Apesar das diferenças entre estes dois tipos de marca, elas devem ser, a serviço da estratégia e do desenvolvimento organizacional, perspectivadas de forma sinérgica, pois a reputação e a credibilidade da instituição interferem na performance e comunicação comercial da empresa e, conseqüentemente, no grau de confiança e predisposição para a compra de produtos e vice-versa.

ABRANGÊNCIA DA MARCA CORPORATIVA

No que respeita à abrangência da sua aplicação, a marca corporativa ou institucional pode, de acordo com Lindon et al. (2000, p. 215) e em função da estratégia e das características da empresa, agrupar-se em três categorias:

a) *Marca institucional pura* – Nesta categoria os produtos ou serviços têm marcas próprias, vinculando-se a marca corporativa a funções institucionais, nomeadamente, à comunicação de recrutamento e financeira, entre outras.
b) *Marca institucional híbrida* – A marca institucional, além de identificar a empresa, identifica também alguns dos seus produtos, com alguns produtos assumindo a marca da empresa e outros tendo marcas próprias.

c) *Marca institucional* "umbrella" – Nesta categoria, a marca corporativa é utilizada para identificar a empresa e todos os seus produtos, assumindo portanto um destacado papel comercial.

A adoção de uma destas estratégias está na dependência, entre outras, das próprias características dos bens comercializados pelas empresas. Por exemplo, a marca institucional *"umbrella"* é um recurso corrente no âmbito das empresas do terceiro setor, onde a intangibilidade da oferta pode, de forma eficaz, ser compensada pela apresentação das credenciais da organização promotora do serviço.

A pertinência da atividade de relações públicas na gestão da marca corporativa

É crescente a importância atribuída à marca corporativa como meio de obtenção de vantagens competitivas para as organizações. Com isso, a comunicação assume uma dimensão estratégica cada vez maior. E esta, por sua abrangência, seus objetivos, sua natureza, suas características, seus públicos e, sobretudo, sua transversalidade, se torna, cada vez mais, uma competência das relações públicas da organização.

As relações públicas objetivam a criação e manutenção de relações harmoniosas com os públicos, usando para tanto a arte e os instrumentos de comunicação de forma estratégica e integrada.

Por seu lado, a gestão da marca corporativa envolve o esforço de selecionar atributos da identidade da organização, traduzi-los e comunicá-los por intermédio de uma estratégia de posicionamento que a diferencie da concorrência e represente valor não apenas para clientes mas também para todos os seus públicos, incluindo funcionários, acionistas, parceiros, fornecedores, comunidade, poderes públicos, órgãos de comunicação social, público em geral.

As relações públicas privilegiam o estabelecimento de notoriedade e de confiança entre a organização (no seu todo) e os seus públicos, sendo a marca institucional cada vez mais um dos meios usados para atingir tal fim.

Apesar de o trabalho de gestão de marca corporativa não poder depender exclusivamente da atividade de relações públicas, mas antes de um trabalho multidisciplinar e multissetorial dentro das organizações, as relações públicas constituem uma força motriz deste processo.

O relações-públicas tem uma visão global da empresa e atua em diversos dos seus setores, sendo, por isso, um jogador privilegiado para implementar a estratégia de comunicação interna e externa que permita alcançar os objetivos da instituição. Essa estratégia de comunicação acaba por integrar, num mapa temporal, os recursos de comunicação da organização em função de objetivos por ele definidos e do seu interesse, devendo compreender, segundo Pere-Oriol Costa (apud Rei, 2002):

- Definição de uma metodologia de atuação eficaz quanto a objetivos e contexto.
- Visão antecipada das opções de comunicação a empreender para alcançar os objetivos da organização, tendo em conta as ações e as reações dos públicos e o contexto envolvente.
- Perspectiva e visão de futuro.
- Adoção de um posicionamento.

A essência do posicionamento reside, para Ries e Trout (2001), no espaço mental que se pretende que a marca ocupe na mente do público quanto a determinados atributos e concorrentes, contribuindo essa representação para o alcance de vantagens competitivas. No âmbito da marca institucional, para garantir que o posicionamento conduza a vantagens competitivas, torna-se fundamental que este:

- Seja capaz de sintetizar a realidade e mais-valias organizacionais.
- Seja pertinente para os públicos.
- Seja comunicado por meio de todas as manifestações organizacionais.

As relações públicas, de forma estratégica e fazendo uso de diversos instrumentos de comunicação, divulgam de forma adequada o posicionamento institucional, contribuindo para a aproximação entre o pretendido pela organização e o efetivamente alcançado.

A literatura é em larga medida unânime em reconhecer a gestão da marca corporativa como uma das funções essenciais da atividade de relações públicas. O Council of Public Relations Firms, já num relatório de 2002, apontava a gestão da marca corporativa como uma das áreas com maior potencial de crescimento e estratégico para a atividade de relações públicas. Igualmente, outros estudos, como o desenvolvido pela Capital (2004), consideram a formação e gestão de marca um dos campos mais importantes no âmbito da atividade de comunicação organizacional.

James Grunig (2001), ante o desafio de sistematizar a contribuição das relações públicas para a gestão, aponta um conjunto de tendências evolutivas desta atividade que, a nosso ver, neste contexto, se revelam pertinentes:

- As relações públicas são cada vez mais uma profissão com um suporte teórico e acadêmico de referência.
- Os profissionais de relações públicas são cada vez mais conselheiros estratégicos com uma visão integrada e multidisciplinar da comunicação.
- As relações públicas tendem a solidificar-se como uma forte função de gestão nas organizações e não apenas uma técnica de comunicação.

Para garantir a implementação da marca organizacional e conseqüente boa imagem, as relações públicas podem empreender um conjunto de atividades dirigidas aos públicos internos e externos da organização.

As atividades características do trabalho de relações públicas podem ser, de acordo com Jorge Pedro de Sousa (2004, p. 15-21), organizadas da seguinte forma:

- Assessoria e consultoria de comunicação e imagem.
- Monitoramento do meio.

- Investigação de cognições, atitudes e comportamentos dos públicos.
- Assessoria midiática.
- Patrocínio e mecenato.
- Atividades parajornalísticas.
- Gestão de meios e recursos.
- Resolução de conflitos e comunicação de crise.
- Assuntos públicos.
- Relações financeiras e relações empresariais.
- Relações com colaboradores.
- Relações inter e multiculturais.
- Comunicação de marketing.
- Comunicação de crise.
- Relações com o público em geral.
- Identidade visual.
- *Lobby*.

Então, as relações públicas revelam-se de extrema importância no campo da gestão de marca corporativa, porque, entre outros fatores, agregam um conjunto de competências e instrumentos do âmbito das ciências da comunicação (que de outra maneira atuariam de forma fragmentada), potenciando assim a viabilização e rentabilidade da comunicação.

Tomando por referência o conceito de retorno do investimento (ROI), as relações públicas, como atividade estruturada e profissional, garantem um retorno positivo do investimento comunicacional da organização, ou seja: benefícios /custo = > 0. Esses benefícios traduzem-se, no seu sentido mais tangível, no aumento das vendas e do capital da empresa e, num âmbito mais intangível, na lealdade e fidelidade dos públicos e na capitalização da marca corporativa.

As relações públicas devem, então, concentrar-se nas formas de analisar e medir os diferentes componentes da marca corporativa além de criar e implementar programas que as suportem e desenvolvam, contribuindo assim para a viabilização da empresa, na medida em que muitos negócios falham devido à incapacidade desta de tornar pública a sua competência, ou seja, de comunicar a si própria.

Dos fundamentos à comunicação da marca corporativa: a contribuição das relações públicas

O trabalho de marca corporativa deve assentar-se na identidade empresarial, que se caracteriza como um fenômeno dinâmico entre os fundamentos e as manifestações que apresentamos a seguir.

ELEMENTOS CONSTITUTIVOS DA IDENTIDADE EMPRESARIAL

A identidade empresarial é o elemento central de todas as formas de comunicação, sendo constituída por fatores estruturais de ordem organizacional e de sistemas e procedimentos de funcionamento e de representações que definem a sua especificidade, bem como por fatores políticos que se traduzem na sua personalidade e estratégia. Mas o conceito de identidade empresarial ultrapassa em muito os meros fatos objetivos. Ela é igualmente o resultado de símbolos e imaginários expressos pela própria cultura e imagem organizacional.

Fonte: Adaptado de: AA.VV. (1985, p. 382).

Este complexo sistema de criação e manutenção da identidade empresarial tem necessariamente de ser gerido estratégica e operacionalmente, pois a realidade empresarial não é estática e está sujeita a constantes mutações e interferências.

As organizações compreendem nomes, símbolos, identidade, notoriedade e reputação, atuando a marca como um sistema de informação que permite sintetizar e sistematizar as características da instituição, diferenciando-a das concorrentes e proporcionando simultaneamente uma simbologia que, por si própria, é capaz de acrescentar valor.

A marca institucional só pode ser construída tomando por base, a natureza e as características da própria organização e sendo-lhe fiel. Alicerça-se naquilo que a empresa efetivamente é, ou seja, na identidade organizacional, não devendo existir discrepâncias consideráveis entre identidade e marca.

Tomando por base a identidade organizacional, a identidade da marca corporativa remete-nos então para a essência desta e toma forma com base em atributos físicos e psicológicos da identidade organizacional.

A dimensão psicológica da marca corporativa é constituída pela personalidade e cultura da instituição e pelo seu território organizacional, ou seja, pela demarcação dos mercados em que a empresa atua, enquanto a dimensão física da identidade se expressa pelos produtos e atividades da empresa, dos seus elementos visuais (como logotipo e outros grafismos) e do próprio nome e assinatura da marca.

No que respeita ao nome (elemento central para o reconhecimento da marca), tomando por referência a classificação de Lindon et al. (2000, p. 219), relativa à estratégia de construção de nomes de marcas, podemos afirmar que a denominação da marca institucional pode ser agrupada em cinco categorias:

1) *Patronímica* – A marca adota o nome do fundador (Levi Strauss, Benetton).
2) *Sigla* – Denominação constituída pelas iniciais de várias palavras (TAP - Transportes Aéreos Portugueses).
3) *Evocativa* – O nome da marca proporciona uma associação mental à categoria de produto (Microsoft).

4) *Fantasia* – Forma criativa com ou sem significado prévio (Apple, Sonny).
5) *Somatório de nomes* – Habitualmente utilizada em reestruturações, como fusões e aquisições, compreende a agregação de nomes, comumente de duas empresas (DaimlerChrysler; PricewaterhouseCoopers).

Tomando por base a identidade em toda a sua abrangência e complexidade, as relações públicas comunicam a organização com vistas ao alcance de uma imagem favorável diante dos públicos. Elas transformam a identidade em elementos comunicáveis e os transmitem aos públicos pelos meios adequados, de forma a criar nestes percepções positivas relativamente à empresa.

Assim, enquanto a identidade é um conceito emissor, porque se vincula ao que a empresa é, a imagem é um conceito receptor, pois reflete a forma como é percebida pelos públicos.

No âmbito da comunicação organizacional, o conceito de imagem de marca corporativa remete, então, para o conjunto de percepções, associações e juízos de valor que os públicos fazem relativamente à entidade, tratando-se por isso de um conceito pessoal e subjetivo. Essa subjetividade intrínseca ao conceito de imagem de marca está bem patente na definição da American Marketing Association (www.ama.org):

> A imagem de marca é o reflexo (nem sempre fiel) da personalidade da marca que reside na mente das pessoas. É o que as pessoas acreditam que a marca é, são os seus sentimentos e as suas expectativas relativamente à empresa ou ao produto.

Diretamente conectada com sentimentos, expectativas e experiência, para Farquhar (1989) as associações positivas (logo, a imagem positiva) a uma marca podem advir de três tipos de estímulo no indivíduo: afetivos (motivados pelas emoções que a marca provoca), cognitivos (que resultam das ilações que as crenças na marca provocam) e comportamentais (que resultam dos hábitos de experimentação e interação com a marca).

À imagem da marca Keller (1993, 2003) associa outro conceito, que se considera muito pertinente no âmbito da marca corporativa – o da consciência da marca (*brand awareness*), que remete para a capacidade de reconhecer e recordar a marca. Na perspectiva do autor, são a consciência e a imagem de marca que no seu conjunto compõem o conhecimento da marca e respectiva notoriedade e reputação.

O grau de precisão da imagem dependerá essencialmente do nível de informação e experiência com a marca. Não obstante, e em situações em que não houve experimentação (do produto ou do contato com a empresa), uma má imagem pode ser suficiente para que o processo de experimentação nunca se inicie.

PROCESSO DE CONSTRUÇÃO DE IMAGEM DE MARCA CORPORATIVA

A imagem da marca corporativa apresenta-se como um fenômeno construído a partir de um processo de acumulação e interpretação de sinais emitidos pela empresa e pelos públicos, que isoladamente podem não ser determinantes num processo de construção de imagem, mas em conjunto se tornam fundamentais. O processo pode ser representado da seguinte forma:

Processo de construção de imagem de marca corporativa

No âmbito deste processo, a identidade organizacional é transmitida aos públicos por dois tipos de comunicação – direta e indireta.

A comunicação direta diz respeito às formas controladas de comunicação, como: identidade visual; publicidade; *merchandising;* marketing direto; eventos; patrocínios; mecenato; atos públicos (por ex.: visitas à empresa); *website;* imprensa empresarial; comunicação financeira.

Por seu lado, a comunicação indireta refere-se aos efeitos comunicacionais do comportamento corporativo, da performance do pessoal, dos produtos e dos serviços.

O conjunto dos efeitos que a comunicação direta e indireta promove nos públicos e a interação entre estes é que conduzem à imagem de marca.

A boa imagem da marca gera a boa vontade, imprescindível ao alcance dos objetivos comunicacionais e de imagem da empresa, o que, direta ou indiretamente, redunda em valias organizacionais e de negócio, por exemplo, por meio de equipes de colaboradores mais motivadas, órgãos de comunicação social mais disponíveis, clientes mais fiéis e comunidades mais satisfeitas.

A prática comunicacional corporativa visa, então, à promoção, nos públicos, de determinadas percepções, comportamentos e associações favoráveis ao alcance dos objetivos organizacionais. Isto não acontece de forma espontânea e automática, razão por que tem de ser arquitetado de forma refletida e estruturada, cabendo ao relações-públicas o papel de planejador, executor e avaliador de todo o plano de comunicação da marca corporativa, que pode ser sistematizado nas seguintes etapas (ver o gráfico da página 216).

Análise e diagnóstico

Antes de decidir, é preciso conhecer a primeira fase do processo, caracterizando-a pela análise e pelo diagnóstico, que contempla o estudo e a reflexão em torno da identidade e imagem da organização e da respectiva marca, bem como dos concorrentes. Implica ainda o estudo das percepções, necessidades e expectativas dos clientes e de outros públicos da organização, além de fatores exógenos e macroenvolventes que possam exercer alguma influência na imagem de marca da organização.

Etapas do plano de comunicação de marca corporativa

No âmbito do diagnóstico existem questões fundamentais que devem ser consideradas e cujas respostas dão valiosas contribuições para a definição e gestão da identidade, imagem e marca corporativa e, conseqüentemente, da comunicação:

- Quais são os principais atributos da organização?
- Qual a missão corporativa?
- Como a organização deseja ser reconhecida?
- Quais os principais condicionamentos?
- Para quem comunica e o que comunica a organização?
- Quais as afinidades entre os públicos?
- Como a organização se tem distinguido ao longo dos tempos?
- Que fatores internos e externos podem influenciar o desenvolvimento da marca corporativa?
- Qual a imagem atual?
- Quais as práticas dos concorrentes?

Em suma, o trabalho de análise e diagnóstico deverá permitir ao relações-públicas auferir:

1) Em que ponto está a marca institucional.
2) Para onde se deseja ir.
3) Qual distância separa estes dois pontos.
4) Até onde se pode ambicionar ir.

Definição de objetivos

Uma vez realizado o diagnóstico, segue-se a fase de definição dos objetivos organizacionais e específicos do programa de comunicação de marca corporativa.

Os objetivos organizacionais remetem-nos para um resultado que a empresa espera conseguir e para o qual o programa de comunicação de marca pode contribuir. São por natureza objetivos de âmbito mais lato cujo alcance fica dependente da performance de uma série de setores da organização.

Por seu lado, os objetivos específicos do programa de comunicação de marca dizem respeito a resultados concretos passíveis de ser alcançados exclusivamente pela ação comunicativa materializada por meio da implementação do programa de comunicação. Para garantir a sua exeqüibilidade, o relações-públicas deverá garantir que os objetivos traçados sejam:

- Concretos.
- Ambiciosos, mas alcançáveis.
- Temporalmente delimitados.
- Mensuráveis.
- Compatíveis com a identidade e com os recursos humanos, materiais e financeiros da organização.

Mapeamento dos públicos

Traçados os objetivos, é necessário mapear os públicos-alvo da comunicação em função das suas características e importância para o alcance dos objetivos. Mapeados os alvos, importa definir uma estratégia de atuação que permita transformar a imagem de marca atual na imagem de marca desejada. Torna-se, então, importante a explicitação da marca atual e da desejada, bem como da engenharia comunicacional a ser levada a efeito, ou seja, das estratégias e ações necessárias ao processo de mudança.

A comunicação a desenvolver no âmbito da divulgação e promoção da marca integra necessariamente duas dimensões – informação e apresentação –, apresentando-se a complementaridade entre conteúdo e forma como um elemento fundamental para o alcance dos objetivos traçados.

Esses conceitos de conteúdo e forma podem ser integrados num conceito mais amplo: o de riqueza da comunicação. Esta se refere então à qualidade da informação transmitida aos públicos, ou seja, à emissão de mensagens adequadas com uma apresentação em formato adequado.

Delineamento da engenharia comunicacional

Para relacionar as variáveis que integram a engenharia comunicacional, torna-se fundamental o desenvolvimento de matrizes de comunicação, como a que se apresenta a seguir, que permitam uma representação integrada das estratégias de ação.

Matriz de comunicação

Público	A	B	C	D
Objetivo a atingir				
Mensagens-chave				
Meios				
Cronograma				
Custo				
Medidas de avaliação de eficácia				

Para cada público é necessário definir cautelosa e pormenorizadamente os objetivos a atingir, as mensagens mais adequadas e os meios mais eficazes para o alcance desses mesmos objetivos, bem como o *timing*, o custo e os métodos de medição de eficácia dos atos comunicativos.

No que respeita ao teor das mensagens a transmitir aos públicos, importa levar em conta que elas devem contemplar não somente uma descrição o mais pormenorizada possível da organização, mas também informação acessória que de alguma forma se relacione com esta e lhe acrescente valor.

Implementação do plano

Determinada a engenharia comunicacional e, conseqüentemente, definidas as ações a serem desenvolvidas, segue-se a fase de implementação do plano.

Pela extensão temporal ao longo da qual decorre a implementação de um plano estratégico de comunicação de marca, é necessário que a sua realização seja permanentemente supervisionada e periodicamente avaliada, devendo o relações-públicas, para tanto, selecionar um conjunto de meios de controle e avaliação das atividades que constam no plano.

Controle e avaliação

Para avaliar as percepções da marca e a eficácia do desempenho comunicacional da organização, o profissional deve empreender regularmente estudos que permitam analisar e avaliar a imagem da sua marca corporativa diante dos *stakeholders* organizacionais.

Os estudos da imagem de marca corporativa são complexos, devendo explorar as opiniões e percepções de todos os públicos da organização. Neste contexto, importa desenvolver estudos longitudinais que, garantindo a avaliação periódica, permitam analisar e documentar a evolução da imagem da marca organizacional.

Os estudos de imagem compreendem dois níveis de investigação: 1) os estudos de imagem espontânea, que permitem auferir as percepções que são evocadas pelos públicos de forma imediata e impulsiva e habitualmente representam apenas uma parte da imagem global; 2) os estudos de imagem latente, que revelam as opiniões dos públicos por meio de métodos de pesquisa mais profundos, como, por exemplo, os métodos projetivos, e permitem diagnosticar as percepções dos públicos de forma mais completa e pormenorizada do que os estudos de imagem espontânea.

Entre outras formas, as associações à marca medidas pelos estudos de imagem podem posteriormente ser figuradas, por exemplo, em mapas que comparam a percepção que os públicos têm de várias marcas em função de um conjunto de atributos e permitem de forma simples e clara enunciar quais atributos-chave os públicos-alvo associam à marca organizacional.

Igualmente importante é medir freqüentemente o índice de lembrança e reconhecimento da marca, ou seja, a notoriedade da marca, que pode ser estudada em dois níveis distintos:

- *Notoriedade espontânea* – Remete para a porcentagem de pessoas que se lembram da marca de forma instintiva quando lhes é pedido que mencionem uma marca dentro de determinado setor de atividade.
- *Notoriedade assistida* – Mede-se apresentando aos entrevistados um conjunto de nomes e pedindo-lhes que identifiquem as marcas que reconhecem.

A opção do relações-públicas por um destes indicadores de notoriedade deve ser feita consoante o nível de reconhecimento da organização. É esperado que grandes empresas com amplo reconhecimento sintam necessidade de medir apenas a sua notoriedade espontânea, enquanto para outras de menor dimensão ou menos conhecidas uma boa classificação num estudo de notoriedade assistida pode em si representar um excelente resultado.

Não obstante a proatividade que qualquer plano de comunicação e relações públicas deve contemplar, é corrente surgirem, por parte do mercado e dos públicos, contextos e situações que possam comprometer a eficácia da estratégia e, conseqüentemente, os objetivos traçados. Importa, por isso, garantir uma postura flexível perante esses contextos e essas situações, sendo necessária a aplicação de reajustamentos no que se refere à engenharia comunicacional definida, sempre que a situação o exigir.

Princípios capitais do desenvolvimento de políticas de marcas corporativas eficazes

A coerência, a consistência e a própria viabilidade de uma marca corporativa dependem diretamente da capacidade da empresa, particularmente do relações-públicas, de integrar e materializar, no desenvolvimento e na implementação da sua política de marca, uma série de princípios de natureza ampla, que, a nosso ver, no seu conjunto, contribuem para a eficácia da marca.

Esses princípios são, essencialmente: a promoção do empenho da administração; o envolvimento dos funcionários; a definição da *unique value proposition*; o desenvolvimento do *benchmarking*; o incentivo ao diálogo e envolvimento com os públicos externos; e a promoção de uma comunicação sustentável.

O EMPENHO DA ADMINISTRAÇÃO

Todas as empresas têm uma identidade, mas nem todas possuem uma marca corporativa. Ainda que baseada na identidade, a marca corporativa é um investimento estratégico que nem todas as empresas optam por fazer, pelo menos com a mesma consciência e o mesmo empenho.

Tratando-se de um fenômeno intencional que se manifesta transversalmente pela organização, a marca corporativa só poderá existir, subsistir e servir à estratégia de desenvolvimento da organização com um profundo empenho da administração no desenho da sua política e na implementação desta.

As relações públicas, em íntima cooperação com a administração, devem estudar a organização e definir qual o caminho mais adequado a seguir. Para tal é importante responder, dentre outras, às seguintes questões:

- O que torna a organização única?
- Quais os principais objetivos a atingir em médio e longo prazo?
- Qual a imagem desejada?
- Quais as modificações organizacionais necessárias?

- Como integrar a política da marca em todas as manifestações organizacionais?
- Como representar e promover a filosofia da marca corporativa?

O ENVOLVIMENTO DOS FUNCIONÁRIOS

A marca corporativa é um excelente canal para veicular e espalhar a estratégia empresarial, constituindo um instrumento unificador em torno do qual a administração pode envolver, educar e conduzir os seus funcionários.

Estes interagem diariamente entre si e com públicos externos diretos ou indiretos e têm impacto no processo de construção da imagem organizacional. É por isso fundamental garantir que todos compreendam e acreditem nas características nucleares da identidade da marca institucional. Para tanto as ações de relações públicas internas devem envolvê-los no próprio processo de definição e construção da marca corporativa, pois, se eles se sentirem co-autores do projeto, serão necessariamente melhores emissores e veículos deste.

A DEFINIÇÃO DA *UNIQUE VALUE PROPOSITION*

As marcas têm traços que as distinguem das concorrentes e contribuem para situar e classificar a organização na mente do consumidor, devendo todos os atos comunicativos da empresa servir para os promover e reforçar.

A marca subentende uma promessa e a sua comunicação provoca expectativas no consumidor relativamente à organização. A criação de uma política de comunicação de marca visa à definição e promoção dos sinais distintivos da marca. Neste nível, um dos principais desafios consiste em escolher, dentre os traços salientes da sua personalidade, os que podem ser mais relevantes e pertinentes para o mercado, na medida em que a abundância de sinais torna o posicionamento disperso e prejudica a compreensão por parte dos públicos.

Assim, com base na *unique sales proposition (USP)*, desenvolvida nos anos 1960, que alicerça a estratégia publicitária da marca numa valia específica e distintiva do produto, a marca institucional, para se manter simples e reforçar a missão da empresa, deve definir uma característica nuclear, de caráter funcional ou simbólico, que constitua um alicerce para comunicá-la: a *unique value proposition*.

A *unique value proposition* tem de assentar-se na melhor conciliação possível entre aqueles que são os trunfos da organização, as necessidades e expectativas dos públicos e o posicionamento dos concorrentes, devendo ser consistente, pertinente, credível e preferencialmente original.

Uma vez definida a *unique value proposition*, é necessário garantir a sua materialização, num horizonte temporal de médio/longo prazo, por meio de todos os atos comunicativos da empresa.

O DESENVOLVIMENTO DO *BENCHMARKING*

O recurso ao *benchmarking* permite melhorar o desempenho da empresa com base em processos de monitoramento, avaliação e aprendizagem da performance e experiência de outras empresas em relação a determinado assunto ou atividade.

No âmbito da gestão da marca corporativa, o *benchmarking* deve constituir-se como um instrumento fundamental para que a empresa conheça e aprenda com as melhores práticas de outras empresas no âmbito da gestão operacional e estratégica da sua marca corporativa.

O INCENTIVO AO DIÁLOGO E ENVOLVIMENTO COM OS PÚBLICOS EXTERNOS

O desenvolvimento de estratégias relacionais ajuda as empresas a alcançar novas possibilidades de vantagem competitiva.

A interação e o diálogo criam condições para que a promoção organizacional assuma um formato personalizado, baseado na comunicação bilateral e ativa entre a empresa e os seus públicos externos. O desenvolvimento deste tipo de estratégias permite reduzir o investimento em meios de comunicação de massa, canalizando-o para meios mais individualizados e bidirecionais de contato, contribuindo para a vivência de experiências mais ricas no processo de relacionamento e, necessariamente, uma maior percepção do valor da marca.

As relações públicas devem focar o potencial de bidirecionalidade dos meios de comunicação que usam, de modo que promova de forma proativa envolvimento e atração.

Este envolvimento e essa atração podem ser favorecidos por conteúdos relevantes e, sobretudo, por um enfoque personalizado sobre o público externo, substituindo monólogos por diálogos e passando de uma abordagem anônima para uma nominativa, que promova a singularidade das necessidades e experiências, com vistas a estimular o estabelecimento de relações efetivas.

A PROMOÇÃO DA COMUNICAÇÃO SUSTENTÁVEL

A comunicação sustentável remete-nos, neste contexto, para o desenvolvimento e a implementação de posturas e estratégias comunicacionais que sejam compatíveis, em termos de conteúdo e forma, não apenas com os interesses da organização, mas também com os de seu entorno humano, social e ambiental.

Esta filosofia comunicacional deve ser parte integrante da política de responsabilidade social da organização, envolvendo o compromisso voluntário que ela assume em ter um comportamento responsável e ético nas suas operações e na interação com todos os seus públicos.

Tal postura afasta a empresa da monomania pelas vendas e pelo lucro, despertando o seu caráter social, pela preocupação com o desenvolvimento de uma postura responsável assentada no respeito pelos direitos humanos e pelo ambiente, nas boas condições de trabalho e práticas laboratoriais, na filantropia e nos investimentos sociais, assim como nas relações transparentes com os clientes, a comunidade, os fornecedores, os poderes constituídos e outros públicos.

A comunicação de marca corporativa deve espelhar essa postura responsável e profundamente respeitadora do entorno organizacional, tanto pelo teor das mensagens que desenvolve quanto pela seleção de meios compatíveis com o ecossistema para a veiculação dessas mensagens.

Referências bibliográficas

AA.VV. *Strategor: política global da empresa. Estratégia, estrutura, decisão, identidade*. Lisboa: Dom Quixote, 1995.

AAKER, D. Leveraging the corporate brand. *California Management Review*, vol. 46, n. 3, p. 6-18, 2004.

AAKER, D. e JOACHIMSTHALER, E. *Brand leadership*. Nova York: The Free Press, 2000.

AMERICAN Marketing Association. Disponível em <http://www.ama.org>. Acesso em 16 ago. 2005.

ARGENTI, P. e DRUCKENMILLER, B. Reputation and the corporate brand. *Corporate Reputation Review*, vol. 6, n. 4, p. 368-74, 2004.

BALMER, J. The three virtues and seven deadly sins of corporate branding. *Journal of General Management*, vol. 27, n. 1, p. 1-17, 2001.

BALMER, J. e GRAY, E. Corporate identity and corporate communications: creating a competitive advantage. *Corporate Communications: An International Journal*, vol. 4, n. 4, p. 171-76, 1999.

BALMER, J. e GREYSER, S. *Revealing the corporation: new beginnings*. Londres: Routledge, 2003.

BERNER, R. e KILEY, D. Annual report – Global brands. *Business Week*, 01/08, p. 86-93, 2005.

CAPITAL. Relatório do estudo "Corporate brand: the company as a brand – 2004".

CARDOSO, P. *Estratégia criativa publicitária: fundamentos e métodos*. Porto: UFP, 2001.

CARDOSO, P. e GAIO, S. (orgs.). *Publicidade e comunicação empresarial*. Porto: Edições Fernando Pessoa, 2004.

CHAUDHURI, A. Does brand loyalty mediate brand equity outcomes? *Journal of Marketing Theory and Practice*, vol. 7, p. 136-46, 1999.

COSTA, P. O. Estrategias de comunicación: el esquema director. In: PÉREZ GONZALEZ, R. (org.). *Estrategias de comunicación*. Barcelona: Ariel Comunicación, 2001.

COUNCIL of public relations firms. Disponível em <http://www.prfirms.org>. Acesso em 20 out. 2004.
FARQUHAR, J. Managing brand equity. *Marketing Research*, p. 24-33, set. 1989.
FOMBRUM, C. e SHANLEY, M. What's in a name. *Academy of Management Journal*, vol. 33, p. 233-58, 1990.
GREGORY, J. & WIECHMANN, J. *Leveraging the corporate brand*. Chicago: NTC Business Books, 1997.
GRUNIG, J. *The role of public relations in management and its contribution to organizational and societal effectiveness.* 2001. Disponível em <http://www.instituteforpr.com>. Acesso em 10 out. 2004.
HATCH, M. e SCHULTZ, M. Relations between organizational culture, identity and image. *European Journal of Marketing* [Special edition on corporate identity], vol. 31, n. 5, p. 356-65, 1997.
_____. Are the strategic stars aligned for your corporate brand? *Harvard Business Review*, p. 128-34, fev. 2001.
_____. Bringing the corporation into corporate branding. *European Journal of Marketing*, vol. 37, n. 7/8, p. 1041-64, 2003.
HOWARD, S. *Corporate image management*. Singapura: Butterworth-Heinemann Asia, 1999.
IND, M. *Corporate brand*. Nova York: New York University Press, 1997.
KAPFERER, J. *As marcas, capital da empresa*. Lisboa: Cetop, 1991.
_____. *Strategic brand management: new approaches to creating and evaluating brand equity*. Londres: Kogan Page, 1995.
KELLER, K. Conceptualising, measuring and managing customer-based brand equity. *Journal of Marketing*, vol. 57, n. 1, p. 1-22, 1993.
_____. Building and managing corporate brand equity. In: SCHULTZ, M.; HATCH, M. e LARSEN, M. (eds.). *The expressive organisation: linking identity, reputation and the corporate brand*. Oxford: Oxford University Press, 2000.
_____. Brand syntheses: the multidimensionality of brand knowledge. *Journal of Consumer Research*, vol. 29, p. 595-600, mar. 2003.
KLEIN, N. *No logo*. Lisboa: Relógio d'Água, 2002.
KOSNIK, T. Corporate positioning. *Harvard Business Review*, p. 40-54, fev. 1999.
LINDON, D. et al. *Mercator*. Lisboa: Dom Quixote, 2000.
MARKETING Science Institute. Managing the corporate brand: the effects of corporate marketing on consumer evaluations of brand extensions. *Report 1997*, p. 97-106.
MORI. Relatório do estudo "Corporate brand and corporate responsibility – 2003".
NEHER, W. *Organizational communication: challenges of change, diversity, and continuity*. Nedham: Alliyn & Bacon, 1996.
OLINS, W. How brands are taking over the corporation. In: SCHULTZ, M.; HATCH, M. e LARSEN, M. (eds.). *The expressive organisation: linking identity, reputation and the corporate brand*. Oxford: Oxford University Press, 2000. p. 51-65.

_____. Global companies: the inexorable rise of the corporate state. The Second Lord Gold Memorial lecture delivered at Templeton College, Oxford University. *European Journal of Marketing* [Special Edition on Corporate Identity and Corporate Marketing], vol. 35, n. 3/4, p. 485-96, 2001.

REI, J. *Comunicação estratégica*. Porto: Estratégias Criativas, 2002.

RIES, A. e TROUT, J. *Positioning: the battle for your mind*. Nova York: McGraw-Hill, 2001.

SCHULTZ, D. e KITCHEN, P. Managing the changes in corporate branding and communication. *Corporate Reputation Review*, vol. 6, n. 4, p. 347-66, 2004.

SOUSA, Jorge Pedro. *Planificando a comunicação em relações públicas*. Florianópolis: Letras Contemporâneas, 2004.

STANCIL, J. Upgrade your company's image and evaluation. *Harvard Business Review*, p. 3-9. jan.-fev. 1997.

STUART, H. e JONES, C. Corporate branding in marketspace. *Corporate Reputation Review*, vol. 7, n. 1, p. 84-93, 2004.

TAJADA, L. *Integración de la identidad y la imagen de la empresa*. Madri: Esic, 1994.

UPSHAW, L. *Building brand identity: a strategy for success in a hostile marketplace*. Nova York: John Wiley & Sons, 1995.

WILL, M. e PORAK, V. Corporate communication in a new media environment. *The International Journal on Media Management*, vol. 2, n. 3/4, p. 195-201, 2000.

OS AUTORES

Berta García Orosa
Doutora em Ciências da Comunicação pela Universidade de Santiago de Compostela (USC). Licenciada em Ciências Políticas e da Administração Pública, pela USC, e em Ciências da Informação, pela mesma instituição. Desde 1997 se dedica à pesquisa da comunicação organizacional. Sua atividade deu origem a diversas publicações e participações em projetos de pesquisa e em congressos científicos internacionais. Trabalhou na mídia impressa e audiovisual, além de gabinetes de comunicação públicos e privados. Atualmente, professora na Faculdade de Ciências da Comunicação da USC.

Cleuza G. Gimenes Cesca
Mestre e doutora em Ciências da Comunicação pela Escola de Comunicações e Artes da Universidade de São Paulo (ECA-USP). Bacharel em Relações Públicas, pela Pontifícia Universidade Católica de Campinas (PUC-Campinas). Autora dos livros: *Comunicação dirigida escrita na empresa: teoria e prática* (Summus, 4ª ed., 2006); *Organização de eventos: manual para planejamento e execução* (Summus, 7ª ed., 1997); *Estratégias empresariais diante do novo consumidor: relações públicas e aspectos jurídicos* (Summus, 2000); *Técnicas profissionais de secretariado* (Papirus, 1984). Professora e consultora científica da PUC-Campinas, onde lidera o Grupo de Pesquisa de Comunicação Organizacional.

Jorge Pedro Sousa

Doutor em Ciências da Informação pela Universidade de Santiago de Compostela (USC). Professor-associado da Universidade Fernando Pessoa (Porto, Portugal). Membro do Centro de Investigação Media & Jornalismo, de Lisboa, e de conselhos editoriais de revistas científicas. Autor, entre outras, das obras: *Teorias da notícia e do jornalismo*; *Elementos de teoria e pesquisa da comunicação e da mídia*; *Uma história crítica do fotojornalismo ocidental*; e *Planificando a comunicação em relações públicas*. Mais de trinta trabalhos apresentados em congressos científicos com *referees*.

Roberto Porto Simões

Professor da Pontifícia Universidade Católica do Rio Grande do Sul (Brasil). Autor dos livros: *Introdução a relações públicas* (co-autoria com E. Wendhausen); *Relações públicas: função política* (Summus, 4ª ed., 2001); *Relações públicas e micropolítica* (Summus, 2001). Co-autor do capítulo "Public relations performance in South and Central America" (em *International public relations: a comparative analysis*, livro organizado por H. Culbertson e Ni Chen, 1996). Muitos artigos publicados no Brasil e do exterior. Palestras realizadas no país e em grande número de países.

Sofia Gaio

Professora e pesquisadora da Universidade Fernando Pessoa (Porto, Portugal). Publicou os livros: *Readings in information society* e *Sociedade da informação: balanço e implicações*, ambos em conjunto com L. Gouveia; e *Publicidade e comunicação empresarial: perspectivas e contributos*, em conjunto com P. Cardoso. Doutoranda em Gestão Industrial na Universidade de Aveiro (Portugal), mestre em Ciências da Comunicação, com especialização em Marketing e Comunicação Estratégica, e licenciada em Relações Públicas pela Universidade Fernando Pessoa. Consultora de marketing e comunicação.

Waldyr Gutierrez Fortes

Mestre e doutor em Ciências da Comunicação, pela Escola de Comunicações e Artes da Universidade de São Paulo (ECA-USP). Professor aposentado da Universidade Estadual de Londrina (Brasil). Autor de: *Relações públicas: processo, funções, tecnologia e estratégias* (Summus, 2ª ed., 2003); *Você sabe que dia é hoje? Datas comemorativas para eventos e programações de relações públicas e calendário de promocional em marketing* (UEL, 1997); *Transmarketing: estratégias avançadas de relações públicas no campo do marketing* (Summus, 1999); *Pesquisa institucional: diagnóstico organizacional para relações públicas* (Loyola, 1990).

------- dobre aqui -------

CARTA RESPOSTA
NÃO É NECESSÁRIO SELAR

O SELO SERÁ PAGO POR

AC AVENIDA DUQUE DE CAXIAS
01214-999 São Paulo/SP

------- dobre aqui -------

CADASTRO PARA MALA-DIRETA

Recorte ou reproduza esta ficha de cadastro, envie completamente preenchida por correio ou fax, e receba informações atualizadas sobre nossos livros.

Nome: _____ Empresa: _____
Endereço: ☐ Res. ☐ Coml. _____ Bairro: _____
CEP: _____-_____ Cidade: _____ Estado: _____ Tel.: ( ) _____
Fax: ( ) _____ E-mail: _____
Profissão: _____ Professor? ☐ Sim ☐ Não Disciplina: _____ Data de nascimento: _____

1. Você compra livros:
☐ Livrarias ☐ Feiras
☐ Telefone   ☐ Correios
☐ Internet   ☐ Outros. Especificar: _____

2. Onde você comprou este livro? _____

3. Você busca informações para adquirir livros:
☐ Jornais   ☐ Amigos
☐ Revistas   ☐ Internet
☐ Professores   ☐ Outros. Especificar: _____

4. Áreas de interesse:
☐ Educação   ☐ Administração, RH
☐ Psicologia   ☐ Comunicação
☐ Corpo, Movimento, Saúde   ☐ Literatura, Poesia, Ensaios
☐ Comportamento   ☐ Viagens, *Hobby*, Lazer
☐ PNL (Programação Neurolingüística)

5. Nestas áreas, alguma sugestão para novos títulos? _____

6. Gostaria de receber o catálogo da editora? ☐ Sim ☐ Não

7. Gostaria de receber o Informativo Summus? ☐ Sim ☐ Não

Indique um amigo que gostaria de receber a nossa mala direta

Nome: _____ Empresa: _____
Endereço: ☐ Res. ☐ Coml. _____ Bairro: _____
CEP: _____-_____ Cidade: _____ Estado: _____ Tel.: ( ) _____
Fax: ( ) _____ E-mail: _____
Profissão: _____ Professor? ☐ Sim ☐ Não Disciplina: _____ Data de nascimento: _____

Summus Editorial
Rua Itapicuru, 613 7º andar 05006-000 São Paulo - SP Brasil Tel.: (11) 3872-3322 Fax (11) 3872-7476
Internet: http://www.summus.com.br   e-mail: summus@summus.com.br